პოპკორნის კუ
წიგნ...

კლასიკურიდან გურმანულ ვერსიებამდე

აღმოაჩინეთ საუკეთესო 100 რეცეპტი უგემრიელესი პოპკორნისთვის, რომელიც ოდესმე გაისინჯავთ.

ბილ ჰევიტი

ყველა უფლება დაცულია.

პასუხისმგებლობის უარყოფა

ამ ელწიგნში მოცემული ინფორმაცია გამიზნულია, როგორც სტრატეგიების ყოვლისმომცველი კოლექცია, რომლის შესახებაც ამ ელექტრონული წიგნის ავტორმა ჩაატარა კვლევა. რეზიუმეები, სტრატეგიები, რჩევები და ხრიკები მხოლოდ ავტორის რეკომენდაციაა და ამ ელექტრონული წიგნის წაკითხვა არ იძლევა გარანტიას, რომ მისი შედეგები ზუსტად აისახება ავტორის შედეგებზე. ელექტრონული წიგნის ავტორმა ყველა გონივრული ძალისხმევა გამოიჩინა ელექტრონული წიგნის მკითხველებისთვის აქტუალური და ზუსტი ინფორმაციის მიწოდებისთვის. ავტორი და მისი თანამოაზრეები არ იქნებიან პასუხისმგებელი რაიმე უნებლიე შეცდომის ან უმოქმედობის გამო, რომელიც შეიძლება აღმოჩნდეს. eBook-ის მასალა შეიძლება შეიცავდეს მესამე მხარის ინფორმაციას. მესამე მხარის მასალები მოიცავს მათი მფლობელების მიერ გამოთქმულ მოსაზრებებს. როგორც ასეთი, ელექტრონული წიგნის ავტორი არ იღებს პასუხისმგებლობას ან პასუხისმგებლობას მესამე მხარის მასალაზე ან მოსაზრებაზე. იქნება ეს ინტერნეტის პროგრესირების გამო, ან კომპანიის პოლიტიკაში და სარედაქციო წარდგენის სახელმძღვანელო პრინციპებში გაუთვალისწინებელი ცვლილებების გამო, ის, რაც ამ სტატიის წერის დროს არის ნათქვამი, შეიძლება მოძველებული ან გამოუსადეგარი გახდეს მოგვიანებით.

სარჩევი

შესავალი

ეს წიგნი სავსეა პოპკორნის რეცეპტებით, რომელთა მომზადებაც წარმოუდგენლად სახალისო და ხელმისაწვდომია სახლში. 100 გემრიელი რეცეპტით, გაცილებით მეტია, ვიდრე უბრალოდ ნაცნობი კარამელისა და ჩედარის გემო. თქვენ ნახავთ კრეატიულ რეცეპტებს, როგორიცაა Pepperoni Pizza, Bacon Teriyaki, Taco Lime-ის არომატები, Gooey S'mores, ასევე სახალისო პოპკორნი ბავშვებისთვის და სხვა მხოლოდ დღესასწაულებისთვის. არომატიზებული პოპკორნის ასეთი მრავალფეროვნება ნიშნავს, რომ არსებობს პარტია, რომელიც იდეალურია ნებისმიერი შემთხვევისთვის. კიდევ უკეთესი, პოპკორნი ბუნებრივად არის ვეგანური, ვეგეტარიანული და გლუტენის გარეშე, არაჯანსაღი დამუშავებული საჭმლის შესანიშნავი ალტერნატივა.

ეს ცოცხალი წიგნი პოპკორნის საბოლოო სახელმძღვანელოა!

9

1. ვარდისფერი ლიმონათის პოპკორნი

მზადდება: 6-დან 8 პორცია

ინგრედიენტები:
● სიმინდის ერთი 3,2 უნცია ტომარა მიკროტალღური ქვაბი
● 1 ½ ჩაის კოვზი ვარდისფერი ლიმონათის სასმელის ფხვნილი

ინსტრუქციები:
a) მოამზადეთ ქვაბი სიმინდი შეფუთვის ინსტრუქციის მიხედვით.
b) ამოიღეთ ჩანთა მიკროტალღური ღუმელიდან და ფრთხილად გახსენით.
c) სანამ პოპკორნი ჯერ კიდევ თბილია, ჩაასხით ვარდისფერი ლიმონათის სასმელის ფხვნილი.
d) ჩანთა ხელით დაიხურეთ და ენერგიულად შეანჯღრიეთ, სანამ არ გაერთიანდება.
e) მიირთვით დაუყოვნებლივ ან შეინახეთ ჰერმეტულ კონტეინერში.

2. სპირულინა პოპკორნი

მზადდება: 4 პორცია

ინგრედიენტები:
- გახეხილი ყველი პარმეზანი
- ნივრის ფხვნილი
- ½ სუფრის კოვზი ნამცხვრის ფანტელები
- კაიენის წიწაკა, ჩილის წიწაკა ან პაპრიკა
- 1 სუფრის კოვზი სპირულინა

ინსტრუქციები:
a) გააკეთეთ პოპკორნი, როგორც ყოველთვის.
b) შეურიეთ რომელიმე ან ყველა ზემოთ ჩამოთვლილი ინგრედიენტი.
c) სანამ პოპკორნი ჯერ კიდევ თბილია, დაამატეთ სანელებლების ნარევი და ძლიერად შეანჯღრიეთ ისე, რომ პოპკორნი თანაბრად დაიფაროს.

3. წითელი ხავერდის პოპკორნი

მზადდება: 8 პორცია

ინგრედიენტები:

- 16 ჭიქა დაფქული პოპკორნი
- 3 ჭიქა წითელი ხავერდის ნამცხვრის ნამცხვარი
- 20 უნცია თეთრი შოკოლადი ან თეთრი დნობის კანფეტი

ინსტრუქციები

a) პოპკორნი დაასხით ჰაერის პოპერის გამოყენებით დიდ თასში.

b) გაადნეთ თეთრი შოკოლადი შეფუთვის ინსტრუქციის მიხედვით.

c) პოპკორნს დაასხით გამდნარი შოკოლადი და აურიეთ, რომ მთლიანად დაიფაროს.

d) პოპკორნი დაასხით ცვილის ქაღალდდაფენილ დახლზე და მოაყარეთ წითელი ხავერდის ნამსხვრევები.

e) ჭამამდე მთლიანად გაშრეს.

4. დამარილებული კარამელის პოპკორნის სუფლეები

იღებს: 4

ინგრედიენტები:

- 125 მლ მთელი რძე
- 125 მლ ორმაგი კრემი
- 105გრ შაქრის შაქარი
- 25 გრ ბრინჯი პუდინგი
- 1 ვანილის ტოტი, გაყოფილი
- 75 გრ უმარილო კარაქი, დარბილებული
- 6 კვერცხის ცილა
- 20 გრ პოპკორნი

დამარილებული კარამელის სოუსი

- 100 გრ შაქარი, პლუს 75 გ რამეკინისთვის
- 45 გრ დამარილებული კარაქი, დაჭრილი ნაჭრებად
- 60 მლ ორმაგი კრემი
- ½ ჩაის კოვზი ზღვის მარილი

ინსტრუქციები:

a) გააცხელეთ ღუმელი 140C-ზე და შედგით მაცივარში ოთხი 9,5 სმ x 5 სმ სუფლე ფორმა ან რამეკინი გასაციებლად.
b) შეურიეთ რძე, ნაღები, 15 გრ შაქარი, ბრინჯი, ვანილის წიპწა და ცოტა მარილი ღუმელგამძლე ტაფაში.
c) დააფარეთ და გამოაცხვეთ 2 საათის განმავლობაში ან სანამ ბრინჯი არ გახდება, ყოველ 30 წუთშიურიეთ.
d) ამოიღეთ ვანილის ნაჭერი, შემდეგ გადაიტანეთ ნარევი ბლენდერში და აურიეთ გლუვ პიურემდე, რათა ბრინჯის მარცვლები არ დარჩეს. დააფარეთ და დატოვეთ გასაცივებლად.
e) ამასობაში კარამელის სოუსისთვის ჩაასხით 100 გრ შაქარი მძიმე დაფუძნებული ტაფის ძირში.
f) დადგით საშუალო ცეცხლზე, კარგად დააკვირდით შაქარს, როცა ის დნობას იწყებს.
g) დროდადრო შეანჯღრიეთ ტაფა, რათა განაწილდეს არ დადნებული შაქარი და, როგორც კი ის დნება, გამოიყენეთ

სილიკონის სპატულა, რომ მოათავსოთ იგი, ნაზად გაანადგუროთ ნებისმიერი სიმსივნე.

h) როდესაც ეს არის გლუვი, ღრმად ქარვისფერი სითხე - ფრთხილად იყავით, რომ არ დაიწვას - სწრაფად აურიეთ კარაქი.

i) ნელ-ნელა ჩაასხით კრემი, ურიეთ მანამ, სანამ არ გახდება მბზინავი, პრიალა კარამელის სოუსი. შეურიეთ ზღვის მარილი. დააყენეთ განზე.

j) როდესაც რამეკინები მთლიანად გაცივდება, გამოიღეთ ისინი მაცივრიდან და გულუხვად წაუსვით შიგთავსი კარაქით, დარწმუნდით, რომ ლაქები არ არის გამოტოვებული და გადაუსვით რგოლამდე.

k) ჩაყარეთ 75 გრ შაქარი ერთ რამეკინში, ატრიალეთ ისე, რომ შიგთავსი კარგად შეიფუთოს შაქარში, შემდეგ ჩაყარეთ ჭარბი მეორეში და გაიმეორეთ სანამ ყველა არ დაიფარება. დააყენეთ განზე.

l) კვერცხის ცილა ჩაყარეთ დიდ თასში და ათქვიფეთ ელექტრო სათქვეფით მაღალი სიჩქარით 1 წუთის განმავლობაში.

m) თანდათან დაამატეთ დარჩენილი შაქრის მეოთხედი, აურიეთ კიდევ ერთი წუთი, შემდეგ კიდევ ერთი მეოთხედი.

n) გაიმეორეთ მანამ, სანამ მთელი შაქარი არ არის შერწყმული.

o) მას შემდეგ, რაც მთელი შაქარი დაემატება, გააგრძელეთ თქვეფა კიდევ 30 წამი, სანამ არ ჩამოყალიბდება ხისტი, მბზინავი მწვერვალები.

p) ამასობაში ბრინჯის პუდინგის პიურე და 15 გრ დამარილებული კარამელის სოუსი მოათავსეთ დიდ ცეცხლგამძლე თასში, დადგით ადუღებულ წყალში.

q) ნაზად გაათბეთ ნარევი და აურიეთ, შემდეგ გადმოდგით ცეცხლიდან.

r) ათქვეფილი კვერცხის ცილის მეოთხედი მოაყარეთ ბრინჯის პუდინგის ნარევში, რომ გაფხვიერდეს, შემდეგ მოაყარეთ დარჩენილი ნაწილი, სანამ კარგად არ გაერთიანდება.

s) გააცხელეთ ღუმელი 200C-მდე.
t) მომზადებულ რამეკინებში ჩაასხით სუფლეს ნარევი კოვზით, ოდნავ გადაავსეთ ისინი.
u) პალიტრის დანის გამოყენებით, ზემოდან გაასწორეთ.
v) დაჭერილი ცერა თითი და საჩვენებელი თითი გაიარეთ თითოეული რამეკინის შიდა რგოლზე, რათა დარწმუნდეთ, რომ სუფლეები პირდაპირ მაღლა აიწევს.
w)ზემოდან მოაყარეთ პოპკორნი, შემდეგ მოათავსეთ საცხობ ფირფიტაზე და გამოაცხვეთ ღუმელის შუა თაროზე.

5. Matcha ლაიმის პოპკორნი

მზადდება: 2 პორცია

ინგრედიენტები:

- 1 სუფრის კოვზი ქოქოსის ზეთი
- ¼ ჭიქა პოპკორნის მარცვლები
- 2 სუფრის კოვზი შაქარი
- 1 სუფრის კოვზი ვეგანური კარაქი
- ½ ჩაის კოვზი წყალი
- 1 ჩაის კოვზი მატჩას ფხვნილი
- 1 ჩაის კოვზი ძალიან წვრილად დაჭრილი ლაიმის ცედრა

ინსტრუქციები

a) გააცხელეთ ზეთი დიდ და ღრმა ქვაბში ან ქვაბში საშუალო ცეცხლზე. ქვაბში ჩაამატეთ პოპკორნის მარცვლები და დაელოდეთ ადუღებას.

b) მას შემდეგ, რაც ისინი ამოიწურება, დაამატეთ პოპკორნის დანარჩენი მარცვლები, აურიეთ ზეთით და გადმოდგით ცეცხლიდან. გაიჩერეთ 30-50 წამი და ქვაბი ისევ შედგით გაზქურაზე.

c) დააფარეთ თავსახური და დაელოდეთ კერნელის ამოღებას. როგორც კი ადუღებას დაიწყებს, რამდენჯერმე შეანჯღრიეთ ქვაბი, რათა დარწმუნდეთ, რომ ყველა მარცვალი თანაბრად მოიხარშება. განაგრძეთ ხარშვა, სანამ ყველა ბირთვი არ ამოიწურება. გადმოდგით ცეცხლიდან და გადაიტანეთ დიდ თასში.

d) დაამატეთ შაქარი და ვეგანური კარაქი პატარა ქვაბში. თავისუფლად დაამატეთ ცოტა მარილიც. გააცხელეთ საშუალო ცეცხლზე და ადუღეთ დაახლოებით 1 წუთი. დაამატეთ წყალი, აურიეთ და მოხარშეთ კიდევ 20 წამი, ან სანამ შაქარი მთლიანად არ დაიშლება.

e) დაასხით პოპკორნი, თან ურიეთ, რომ თანაბრად შეფუთოთ სიროფი. გაცრათ მატჩას ფხვნილი პოპკორნზე და აურიეთ, რომ დაიფაროს. დაუმატეთ ლაიმის ცედრა და კვლავ აურიეთ.

f) მიირთვით სასწრაფოდ! ეს პოპკორნი საუკეთესოდ მიირთვით იმავე დღეს, მაგრამ შეგიძლიათ მეორე დღეს გააცხუროთ 350°F წინასწარ გახურებულ ღუმელში დაახლოებით 5 წუთის განმავლობაში.

6. Cranberry Popcorn ბარები

მზადდება: 4 პორცია

ინგრედიენტები:

- 3 უნცია მიკროტალღური პოპკორნი, დაფქული
- ¾ ჭიქა თეთრი შოკოლადის ჩიფსები
- ¾ ჭიქა ტკბილი ხმელი მოცვი
- ½ ჭიქა ტკბილი დაფქული ქოქოსი
- ½ ჭიქა გახეხილი ნუში, წვრილად დაჭრილი
- 10 უნცია marshmallows
- 3 სუფრის კოვზი კარაქი

ინსტრუქციები:

a) 13 დიუმიანი x 9 დიუმიანი საცხობი ტაფაზე მოათავსეთ ალუმინის ფოლგა; შეასხურეთ ბოსტნეულის არაწებოვანი სპრეი და გააჩერეთ. დიდ თასში ჩაყარეთ პოპკორნი, შოკოლადის ჩიფსები, მოცვი, ქოქოსი და ნუში; განზე გადადო. ქვაბში საშუალო ცეცხლზე აურიეთ მარშმელოუ და კარაქი სანამ არ გადნება და გლუვი გახდება.

b) დაასხით პოპკორნის ნარევს და გადააფარეთ ბოლომდე; სწრაფად გადაიტანეთ მომზადებულ ტაფაზე.

c) ზემოდან დადეთ ცვილის ქაღალდის ფურცელი; დააჭირე მტკიცედ. გააცივეთ 30 წუთის განმავლობაში, ან სანამ გამაგრდება. აწიეთ ზოლები ტაფიდან, სახელურებად ფოლგის გამოყენებით; მოაშორეთ ფოლგა და ცვილის ქაღალდი. დაჭერით ზოლებად; გაცივდით დამატებით 30 წუთის განმავლობაში.

7. Candy სიმინდის პოპკორნის ბურთები

იღებს: 10

ინგრედიენტები:

- 8 ჭიქა დაფქული პოპკორნი
- 1 ჭიქა ტკბილეული სიმინდი
- ¼ ჭიქა კარაქი
- ¼ ჩაის კოვზი მარილი
- 10 უნცია პკგ. marshmallows

ინსტრუქციები:

a) შეუთავსეთ პოპკორნი და ტკბილეული სიმინდი დიდ თასში; განზე გადადო. გაადნეთ კარაქი დიდ ქვაბში საშუალო ცეცხლზე; აურიეთ მარილი და მარშმლოუ.

b) შეამცირეთ სითბო მინიმუმამდე და მოხარშეთ, ხშირად ურიეთ 7 წუთის განმავლობაში ან სანამ მარშმლოუ არ დნება და ნარევი გლუვი გახდება.

c) დაასხით პოპკორნის ნარევი, აურიეთ, რომ ქურთუკი დაიფაროს. მსუბუქად წაუსვით ხელები ბოსტნეულის სპრეით და პოპკორნის ნარევს 4 დიუმიან ბურთულებად მოაყალიბეთ.

d) სურვილისამებრ შეფუთეთ ბურთულები ცელოფანში.

8. Marshmallow პოპკორნი Milkshake

მზადდება: 2 პორცია

ინგრედიენტები:

- 1 ჭიქა მთელი რძე
- ⅔ ჭიქა პოპკორნი
- ½ ჭიქა მინი მარშმლოუ
- ⅔ ჭიქა ვანილის ნაყინი
- ¼ ჩაის კოვზი მარილი

ინსტრუქციები:

a) პოპკორნი მოათავსეთ ბლენდერში და იმპულსით, სანამ პოპკორნი წვრილ პურის ნამსხვრევად არ გახდება.

b) შემდეგ დაამატეთ მარშმლოუ, რძე და ნაყინი. აურიეთ სანამ გლუვი.

c) გასინჯეთ რძის კოქტეილი და ნახეთ, რა გემო აქვს ჯერ მარილის გარეშე.

d) შემდეგ დაამატეთ მარშმლოუ, რძე და ნაყინი. აურიეთ სანამ გლუვი.

e) გასინჯეთ რძის კოქტეილი და ნახეთ, რა გემო აქვს ჯერ მარილის გარეშე.

9. ბურბონის კარამელის მტევანი

აკეთებს: 24 მტევანი

ინგრედიენტები:

- 2 სუფრის კოვზი მცენარეული ზეთი
- ⅓ ჭიქა პოპკორნის მარცვლები
- 4 სუფრის კოვზი მცენარეული კარაქი
- 1½ ჭიქა ღია ყავისფერი შაქარი, მყარად შეფუთული
- ½ ჭიქა მსუბუქი სიმინდის სიროფი
- 2 სუფრის კოვზი ბურბონი
- ½ ჩაის კოვზი მარილი
- ½ ჩაის კოვზი საცხობი სოდა
- 1 ჭიქა დაჭრილი პეკანი, მოხალული

ინსტრუქციები:

a) გააცხელეთ 3 პოპკორნის მარცვალი მცენარეულ ზეთში საშუალო ცეცხლზე თავდახურულ ქვაბში. დაამატეთ დარჩენილი მარცვლები და ხელახლა დაახურეთ ქვაბს, როგორც კი ერთი ამოხდება.

b) მოხარშეთ 3 წუთის განმავლობაში, ტაფა გამუდმებით შეანჯღრიეთ ან სანამ მარცვლები არ გასკდება.

c) გააცხელეთ ღუმელი 350°F-ზე და მოათავსეთ საცხობ ფირფიტაზე ალუმინის ფოლგა,

d) შეასხურეთ არაწებოვანი კულინარიული სპრეით.

e) გაადნეთ მცენარეული კანას კარაქი ქვაბში. დაუმატეთ ღია ყავისფერი შაქარი და ღია სიმინდის სიროფი.

f) ნარევი მიიყვანეთ ადუღებამდე, დროდადრო აურიეთ 10 წუთის განმავლობაში ან სანამ არ მიაღწევს 300°F-ს .

g) გამორთეთ ცეცხლი და დაუმატეთ ბურბონი, მარილი, საცხობი სოდა, პეკანი და პოპკორნი და მოაყარეთ ქურთუკი.

h) მიღებული მასა გადაიტანეთ მომზადებულ საცხობ ფირფიტაზე და დაალაგეთ მტევანი.

i) სუფრაზე მიტანამდე გააცივეთ მინიმუმ 30 წუთი.

10. ქარიშხალი პოპკორნი

მზადდება: 4 პორცია

ინგრედიენტები:

- 1 ლიტრი ახალი პოპკორნი
- 1 სუფრის კოვზი გამდნარი კარაქი
- ⅛ ჩაის კოვზი სოიოს სოუსი
- 1 სუფრის კოვზი ნორი ფურიკაკე
- იაპონური ბრინჯის კრეკერი

ინსტრუქციები:

a) შეურიეთ სოიოს სოუსი მდნარ კარაქს. თანდათან დაასხით კარაქის ნარევი პოპკორნზე და გაანაწილეთ რაც შეიძლება თანაბრად. აურიეთ კარგად.

b) პოპკორნს მოაყარეთ ფურიკაკე, კარგად ურიეთ/შეანჯღრიეთ, რომ განაწილდეს. შეურიეთ ბრინჯის კრეკერებს.

c) ზემოდან მოაყარეთ დამატებითი ფურიკაკე.

11. პეპელა ბარდა ლაიმის პოპკორნი

მზადდება: 2 პორცია

ინგრედიენტები:

- 1 სუფრის კოვზი ქოქოსის ზეთი
- ¼ ჭიქა პოპკორნის მარცვლები
- 2 სუფრის კოვზი შაქარი
- 1 სუფრის კოვზი ვეგანური კარაქი
- ½ ჩაის კოვზი წყალი
- 1 ჩაის კოვზი პეპელა ბარდის ფხვნილი
- 1 ჩაის კოვზი ძალიან წვრილად დაჭრილი ლაიმის ცედრა

ინსტრუქციები

a) გააცხელეთ ზეთი დიდ და ღრმა ქვაბში ან ქვაბში საშუალო ცეცხლზე.

b) ქვაბში ჩაამატეთ პოპკორნის მარცვლები და დაელოდეთ ადუღებას.

c) მას შემდეგ, რაც ისინი ამოიწურება, დაამატეთ პოპკორნის დანარჩენი მარცვლები, აურიეთ ზეთით და გადმოდგით ცეცხლიდან. გაიჩერეთ 30-50 წამი და ქვაბი ისევ შედგით გაზქურაზე.

d) დააფარეთ თავსახური და დაელოდეთ კერნელის ამოღებას. როგორც კი ადუღებას დაიწყებს, რამდენჯერმე შეანჯღრიეთ ქვაბი, რათა დარწმუნდეთ, რომ ყველა მარცვალი თანაბრად მოიხარშება. განაგრძეთ ხარშვა, სანამ ყველა ბირთვი არ ამოიწურება. გადმოდგით ცეცხლიდან და გადაიტანეთ დიდ თასში.

e) დაამატეთ შაქარი და ვეგანური კარაქი პატარა ქვაბში. თავისუფლად დაამატეთ ცოტა მარილიც. გააცხელეთ საშუალო ცეცხლზე და ადუღეთ დაახლოებით 1 წუთი. დაამატეთ წყალი, აურიეთ და მოხარშეთ კიდევ 20 წამი, ან სანამ შაქარი მთლიანად არ დაიშლება.

f) დაასხით პოპკორნი, თან ურიეთ, რომ თანაბრად შეფუთოთ სიროფი.

g) გაცრათ პეპელა ბარდა პოპკორნზე და აურიეთ, რომ დაიფაროს. დაუმატეთ ლაიმის ცედრა და კვლავ აურიეთ.

h) მიირთვით დაუყოვნებლივ.

12. პოპკორნი Toblerone

ქმნის: 1

ინგრედიენტები:
- 1 ტომარა პოპკორნი
- ½ ბარი Toblerone
- ⅓ ჭიქა რძე

ინსტრუქციები
a) დაასხით პოპკორნი
b) ქვაბში ჩაყარეთ შოკოლადი და რძე
c) ჩართეთ საშუალო და დაბალ ცეცხლზე
d) ჯერ საკმაოდ ხშირად ურიეთ და შემდეგ შოკოლადი სოუსში მოაყარეთ
e) მას შემდეგ, რაც გლუვი ტექსტურა, დაასხით პოპკორნი

13. სანელებლებიანი პოპკორნი

იღებს: 10 ჭიქა

ინგრედიენტები:

- 1 სუფრის კოვზი ზეთი
- 1 ჩაის კოვზი Garam Masala
- ½ ჭიქა მოუმზადებელი პოპკორნის მარცვლები
- 1 ჩაის კოვზი უხეში ზღვის მარილი

ინსტრუქციები:

a) გააცხელეთ ზეთი ღრმა, მძიმე ტაფაზე საშუალო ცეცხლზე.

b) აურიეთ პოპკორნის მარცვლები.

c) ხარშეთ 7 წუთის განმავლობაში ტაფაზე თავდახურული.

d) გამორთეთ ცეცხლი და დატოვეთ პოპკორნი 3 წუთის განმავლობაში თავსახურით.

e) დაამატეთ მარილი და მასალა გემოვნებით.

14. პოპკორნის ბურთები

ინგრედიენტები:

- 7 ლიტრი დაფქული პოპკორნი
- 1 ჭიქა მელასი
- 1 ჭიქა გრანულირებული შაქარი
- ⅓ ჭიქა წყალი
- ½ ჩაის კოვზი მარილი
- ½ ჩაის კოვზი ვანილი

ინსტრუქციები:

a) პოპკორნი მოათავსეთ დიდ საცხობ ფორმაში; შეინახეთ თბილად 200°-ზე გახურებულ ღუმელში.

b) მძიმე ქვაბში შეურიეთ შაქარი, მელასი, წყალი და მარილი.

c) მოხარშეთ საშუალო ცეცხლზე, სანამ ტკბილეულის თერმომეტრი 235°-ს არ აჩვენებს (რბილი ბურთის ეტაპი).

d) გადმოდგით ცეცხლიდან. დაუმატეთ ვანილი.

e) დაუყონებლივ დაასხით პოპკორნი და ურიეთ სანამ თანაბრად არ დაიფარება.

f) როდესაც ნარევი საკმარისად გაცივდება, სწრაფად მოამზადეთ 3-ინიანი. ბურთები, ჩასვით ხელები ცივ წყალში, რათა თავიდან აიცილოთ წებოვანი.

15. ჰაერის შემწვარი პოპკორნი ნივრის მარილით

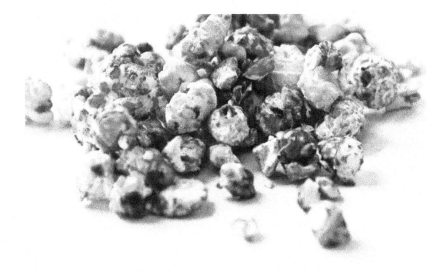

აკეთებს 1 პორციას

ინგრედიენტები:

- 2 სუფრის კოვზი ზეითუნის ზეთი
- ¼ ჭიქა პოპკორნის მარცვლები
- 1 ჩაის კოვზი ნიორი მარილი
- კვების ფერი

ინსტრუქციები:

a) წინასწარ გააცხელეთ ჰაერის შემწვარი 380°F-მდე.

b) გახეხეთ კვადრატული ალუმინის ფოლგა ჰაერის ფრაის ძირის ზომით და მოათავსეთ ჰაერის შემწვარში.

c) ფოლგას ზემოდან მოაყარეთ ზეითუნის ზეთი და შემდეგ დაასხით პოპკორნის მარცვლები.

d) გამოაცხვეთ 8-დან 10 წუთის განმავლობაში, ან სანამ პოპკორნი არ გასკდება.

e) პოპკორნი გადაიტანეთ დიდ თასში და სუფრასთან მიტანის წინ მოაყარეთ ნივრის მარილი და საკვების ფერი.

16. მათხოვარი პოპკორნი

მზადდება: დაახლოებით 4 ჭიქა დაფქული

ინგრედიენტები:

- 2 სუფრის კოვზი პოპკორნის მარცვლები
- 2 ცალი არაწებოვანი სამზარეულო სპრეი
- დარიჩინი გემოვნებით
- ჩილის ფხვნილი გემოვნებით
- კაიენის წიწაკა გემოვნებით
- ნივრის ფხვნილი გემოვნებით
- 1 ჩაის კოვზი ზღვის მარილი

ინსტრუქციები

a) ყავისფერი ქაღალდის ჩანთაში მოათავსეთ მოუმზადებელი პოპკორნი.

b) შეასხურეთ ჩანთის შიგთავსი და მარცვლები არაწებოვანი სპრეით, შემდეგ ჩანთის ზემოდან ხუთჯერ მჭიდროდ ჩამოკეცეთ, რათა ადგილი დარჩეს დაფქული სიმინდისთვის.

c) გამოაცხვეთ მიკროტალღური 2 წუთის განმავლობაში საშუალოზე მაღალ ტემპერატურაზე.

d) შეაზავეთ დარიჩინით, ჩილის ფხვნილით, კაიენის წიწაკით, ნიორით და მარილით. ხელახლა დალუქეთ ჩანთა და ენერგიულად შეანჯღრიეთ.

17. ხრაშუნა იტალიური პოპკორნის მიქსი

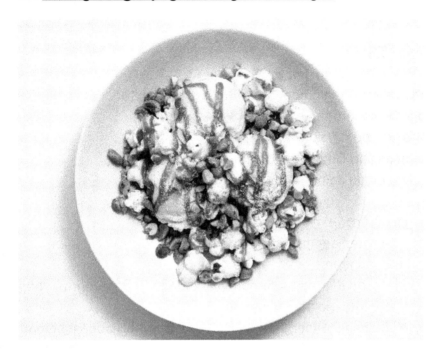

მზადდება: 10 პორცია

ინგრედიენტები:

- 10 ჭიქა დაფქული პოპკორნი
- 3 ჭიქა ბუგლის ფორმის სიმინდის საჭმელები
- ¼ ჭიქა მარგარინი ან კარაქი
- 1 ჩაის კოვზი იტალიური სუნელი
- ½ ჩაის კოვზი ნივრის ფხვნილი
- ⅓ ჭიქა ყველი პარმეზანი

ინსტრუქციები:

a) დიდ მიკროტალღურ თასში შეურიეთ პოპკორნი და სიმინდის საჭმელი.

b) 1 ჭიქა მიკრო-უსაფრთხო ზომაში შეურიეთ სხვა ინგრედიენტები , გარდა ყველისა.

c) აცხვეთ მიკროტალღურ ტალღაზე 1 წუთის განმავლობაში HIGH-ზე, ან სანამ მარგარინი არ დნება; აურიეთ. ზემოდან მოასხით პოპკორნის ნარევი.

d) აურიეთ სანამ ყველაფერი თანაბრად დაიფარება. მიკროტალღურ ღუმელში, თავდახურული, 2-4 წუთის განმავლობაში, ტოსტამდე, ყოველ წუთს ურიეთ. ზემოდან უნდა მოვაყაროთ ყველი პარმეზანი.

e) მიირთვით ცხელი.

18. Sriracha Popcorn ნაყინი

გამოდის დაახლოებით 1 ლიტრი

ინგრედიენტები:

- 3 სუფრის კოვზი შრირაჩა
- 2 ჭიქა ახლად დაფქული უცხიმო პოპკორნი
- 2¼ ჭიქა მძიმე კრემი
- ცარიელი ნაყინის ბაზა

ინსტრუქციები

a) საცხობ ფირფიტას დააფინეთ პერგამენტის ქაღალდი. გააცხელეთ ღუმელი 220°F-ზე. ოფსეტური სპატულის გამოყენებით შრირაჩა ძალიან თხელ ფენად გაანაწილეთ პერგამენტზე. გააშრეთ შრირაჩა ღუმელში დაახლოებით ერთი საათის განმავლობაში, ან სანამ მთლიანად არ გაშრება. ნება დართეთ მთლიანად გაგრილდეს. ამ დროს ის პერგამენტს უნდა მოაშოროთ ან გაფხეკით. მოათავსეთ შრირაჩა პლასტმასის ჩანთაში და დააქუცმაცეთ ფხვნილად. დააყენეთ განზე.

b) დაიწყეთ ახლად დაფქული სიმინდით, ჯერ კიდევ თბილი. თუ ახალი პოპკორნი არ გაქვთ, შეგიძლიათ შეფუთული პოპკორნი დაბრაწოთ 5 წუთის განმავლობაში ღუმელში 200°F-ზე, ან სანამ პოპკორნის არომატი შესამჩნევი იქნება. უცხიმო პოპკორნი მნიშვნელოვანია, რადგან მას არ ექნება ზეთი, როგორც სტანდარტული პოპკორნი, რომელიც ქმნის ცხიმიანობას მზა ნაყინში.

c) საშუალო ცეცხლზე დადებულ ქვაბში კრემს დაუმატეთ პოპკორნი. მიიყვანეთ დაბალ ცეცხლზე 3-დან 5 წუთის განმავლობაში. თასზე დაყენებული ბადისებრი საწურის გამოყენებით, გადაწურეთ სითხე, დაჭერით, რომ მიიღოთ რაც შეიძლება მეტი არომატიზებული კრემი. შეიძლება ცოტაოდენი პოპკორნის რბილობი გამოვიდეს, მაგრამ არა უშავს — გემრიელია! დატოვეთ დარჩენილი მყარი პოპკორნის პუდინგისთვის. აცადეთ კრემი მთლიანად გაცივდეს.

d) თქვენ დაკარგავთ კრემს აბსორბციამდე, ამიტომ გაზომეთ დარჩენილი კრემი და დაამატეთ საჭიროებისამებრ, რომ დაუბრუნდეთ 1¾ ჭიქა კრემს.
e) მოამზადეთ ცარიელი ბაზა სტანდარტული ინსტრუქციის მიხედვით, მაგრამ გამოიყენეთ გაჟღენთილი კრემი და შეამცირეთ შაქარი ¼ ჭიქამდე.
f) შეინახეთ მაცივარში ღამით. როცა ნაყინის დასამზადებლად მზად იქნებით, კვლავ აურიეთ ნარევი ბლენდერით, სანამ გლუვი და კრემისებური გახდება.
g) ჩაასხით ნაყინის მადუღარაში და გაყინეთ მწარმოებლის ინსტრუქციის მიხედვით.
h) სანამ ნაყინის გახეხვა დასრულდება, მოაყარეთ შრირაჩას ფხვნილი და ნება მიეცით ათქვეფილს ფანტელები გაანაწილოს. შრირაჩას ნაადრევად დამატება განაახლებს მას და გამოიწვევს შრირაჩას ზოლებს და არა ფანტელებს.
i) შეინახეთ ჰერმეტულ კონტეინერში და გაყინეთ მთელი ღამით.

19. აკადური პოპკორნი

ინგრედიენტები:

- 2 ფუნტი უმი კიბოს კუდები (ან პატარა კრევეტები)
- 2 დიდი კვერცხი
- 1 ჭიქა მშრალი თეთრი ღვინო
- ½ ჭიქა სიმინდის ფქვილი
- ½ ჭიქა ფქვილი
- 1 სუფრის კოვზი ახალი ხახვი
- 1 კბილი ნიორი, დაჭრილი
- ½ ჩაის კოვზი თივის ფოთლები
- ½ ჩაის კოვზი ქერქი
- ½ ჩაის კოვზი ნიორი მარილი
- ½ ჩაის კოვზი შავი პილპილი
- ½ ჩაის კოვზი კაიენის წიწაკა
- ½ ჩაის კოვზი პაპრიკა
- ზეთი ღრმა შესაწვავად

ინსტრუქციები:

a) კრავი ან კრევეტი ჩამოიბანეთ ცივ წყალში, კარგად გადაწურეთ და დააყენეთ საჭიროებამდე. კვერცხები და ღვინო ათქვიფეთ პატარა თასში, შემდეგ შედგით მაცივარში. სხვა პატარა თასში შეურიეთ სიმინდის ფქვილი, ფქვილი, ხახვი, ნიორი, ხახვი, ხახვი, მარილი, პილპილი, კაიენის წიწაკა და პაპრიკა. თანდათან ათქვიფეთ მშრალი ინგრედიენტები კვერცხის ნარევში, კარგად აურიეთ. მიღებული ცომი დააფარეთ და შემდეგ გააჩერეთ 1-2 საათი ოთახის ტემპერატურაზე.

b) გააცხელეთ ზეთი ჰოლანდიურ ღუმელში ან ღრმა შემწვარში 375°F-მდე თერმომეტრზე.

c) ჩაყარეთ მშრალი ზღვის პროდუქტები ცომში და შეწვით პატარა ნაჭრებად 2-3 წუთის განმავლობაში, გადააქციეთ სანამ ოქროსფერი არ გახდება.

d) კრავი (ან კრევეტები) ამოიღეთ ჩაჭრილი კოვზით და კარგად გადაწურეთ ქაღალდის პირსახოცების რამდენიმე ფენაზე. მიირთვით გახურებულ ლანგარზე თქვენი საყვარელი დიპლომატით.

20. ლიმონ-წიწაკის პოპკორნი პარმეზანით

იღებს: 4

ინგრედიენტები:

- 4 ჭიქა ჰაერში გაჟღენთილი პოპკორნი
- 2 სუფრის კოვზი გახეხილი ყველი პარმეზანი
- ¾ ჩაის კოვზი ლიმონის წიწაკის სუნელი

ინსტრუქციები:

a) დიდ თასში შეურიეთ ყველა ინგრედიენტი.

b) კარგად ათქვიფეთ და მაშინვე მიირთვით.

21. ნორის ზღვის მცენარეების პოპკორნი

იღებს: 6

ინგრედიენტები:

- შავი სეზამის მარცვლები, ერთი სუფრის კოვზი
- ყავისფერი შაქარი, ერთი სუფრის კოვზი
- მარილი, ნახევარი ჩაის კოვზი
- ქოქოსის ზეთი, ნახევარი ჩაის კოვზი
- პოპკორნის ბირთვი, ნახევარი ჭიქა
- კარაქი, ორი სუფრის კოვზი
- ნორის ზღვის მცენარეების ფანტელები, ერთი სუფრის კოვზი

ინსტრუქციები:

a) ნაღმტყორცნში დაფქვით ნორის ზღვის მცენარეების ფანტელები, სეზამის მარცვლები, შაქარი და მარილი წვრილ ფხვნილამდე.

b) გაადნეთ ქოქოსის ზეთი დიდ, მძიმე ძირიან ქვაბში.

c) დაუმატეთ პოპკორნის მარცვლები, დაახურეთ თავსახური და მოხარშეთ საშუალო ცეცხლზე, სანამ არ გასკდება.

d) სიმინდის ამოსვლის შემდეგ დაუყონებლივ დაუმატეთ დანარჩენი სიმინდი, შეცვალეთ სახურავი და მოხარშეთ, დროდადრო ტაფა შეანჯღრიეთ, სანამ ყველა მარცვალი არ ამოიწურება.

e) დაფქული სიმინდი გადაიტანეთ დიდ თასში და დაასხით გამდნარი კარაქი, თუ იყენებთ.

f) დაასხით თქვენი ტკბილი და მარილიანი ნორის ნარევი და ხელებით კარგად აურიეთ, სანამ ყველა ნაჭერი არ დაიფარება.

g) ზემოდან მოაყარეთ დარჩენილი სეზამის მარცვლები.

22. ქვაბი სიმინდი და კოცნა

ინგრედიენტები:

- დიდი ქოთანი თავსახურით
- ½ ჭიქა პოპკორნის მარცვლები
- ¼ ჭიქა მცენარეული ზეთი
- ¼ ჭიქა თეთრი შაქარი
- მარილი გემოვნებით
- ½ ჭიქა მინი შოკოლადის ჩიფსები

ინსტრუქციები:

a) გააცხელეთ მცენარეული ზეთი დიდ ქვაბში.

b) ტემპერატურის შესამოწმებლად ზეთში ჩაყარეთ პოპკორნის სამი მარცვალი. უფრთხილდით ცხელ ზეთს!

c) როდესაც მარცვლები გაფხვიერდება, ზეთში დავამატოთ შაქარი. ურიეთ სანამ შაქარი არ დაიშლება, შემდეგ დაამატეთ დარჩენილი პოპკორნის მარცვლები.

d) შეანჯღრიეთ ქვაბი, რომ დაფაროს ბირთვი ზეთის/შაქრის ნარევით. დააფარეთ და გააგრძელეთ ხარშვა საშუალო ცეცხლზე, ხშირად აწიეთ და შეანჯღრიეთ ქვაბი, რომ პოპკორნი არ დაიწვას.

e) როდესაც ადუღება შენელდება ერთჯერადად ყოველ ორ-სამ წამში, გადმოდგით ქვაბი ცეცხლიდან და განაგრძეთ ქოთნის შერყევა, სანამ არ შეწყდება.

f) დაუყონებლივ ჩაასხით დიდ თასში, აურიეთ, რომ პოპკორნის დიდი კუბიკები დაასხით.

g) დაამატეთ მარილი გემოვნებით.

h) ნაწილობრივ გაცივებულ პოპკორნს დაამატეთ მინი შოკოლადის ჩიპები. აურიეთ, რომ პოპკორნი შოკოლადით შეფუთოთ.

i) გააგრილეთ მთლიანად.

23. პოპკორნი Hakka Spice

ინგრედიენტები:

- სანელებლების ნაზავი
- 2 სუფრის კოვზი მცენარეული ზეთი
- ½ ჭიქა პოპკორნის მარცვლები
- კოშერის მარილი

ინსტრუქციები:

a) პატარა ტაფაში ან ტაფაში შეურიეთ სანელებლები; ვარსკვლავი ანისის თესლი, კარდამონის თესლი, მიხაკი, წიწაკის მარცვლები, ქინძის თესლი და კამის თესლი. აცხვეთ სანელებლები 5-6 წუთის განმავლობაში.

b) გადმოდგით ტაფა ცეცხლიდან და სანელებლები გადაიტანეთ ნაღმტყორცნებიდან ან სანელებლების საფქვავში. სანელებლები გახეხეთ წვრილ ფხვნილამდე და გადაიტანეთ პატარა თასში.

c) დაამატეთ დაფქული დარიჩინი, ჯანჯაფილი, კურკუმა და კაიენის წიწაკა და აურიეთ. დააყენეთ განზე.

d) გააცხელეთ ვოკი საშუალო და მაღალ ცეცხლზე, სანამ მოწევა არ დაიწყება. ჩაასხით მცენარეული ზეთი და ნაღები და აურიეთ ვოკის დასაფარავად. ვოკს დაუმატეთ პოპკორნის 2 მარცვალი და დააფარეთ.

e) როგორც კი გაფუვდება, დაუმატეთ დარჩენილი კერნელი და დააფარეთ.

f) გამუდმებით შეანჯღრიეთ, სანამ არ გაჩერდება.

g) პოპკორნი გადაიტანეთ დიდ ქაღალდის პარკში. დაამატეთ 2 მწიკვი კოშერის მარილი და 1½ სუფრის კოვზი სანელებლების ნაზავი. დაკეცეთ ჩანთა დახურეთ და შეანჯღრიეთ!

24. კარამელის პოპკორნის მტევანი შემწვარი არაქისი

გამოდის: 3 ფუნტი

ინგრედიენტები:

- 2¼ ჭიქა (300 გრამი) მოხალული არაქისი
- 3 მიკროტალღური ტომარა (200 გრამი) დაფქული პოპკორნი
- 1¼ ჩაის კოვზი (6 გრამი) საცხობი სოდა
- 1½ ჩაის კოვზი (8 გრამი) მარილი
- 1 ჭიქა (200 გრამი) შაქარი
- ¾ ჭიქა (180 გრამი) ყავისფერი შაქარი
- ¼ ჭიქა (84 გრამი) ნეკერჩხლის სიროფი
- ¼ ჭიქა (90 გრამი) სიმინდის სიროფი
- 6 სუფრის კოვზი (85 გრამი) კარაქი

ინსტრუქციები:

a) არაქისი გაანაწილეთ პერგამენტით დაფარულ საცხობ ფირფიტაზე. გაათბეთ ღუმელში 200F-ზე. შემდეგ პოპკორნი მოათავსეთ გაზქურის გვერდით დიდი ზომის თასში. პატარა მოსამზადებელ თასში აურიეთ სოდა და მარილი და მოათავსეთ გაზქურის გვერდით.

b) მძიმე 4 ლიტრიან ქვაბში აურიეთ შაქარი, ყავისფერი შაქარი, ნეკერჩხლის სიროფი, სიმინდის სიროფი და კარაქი დაბალ ცეცხლზე. როცა ჩანს, რომ შაქრის ყველა კრისტალი გადნება, ამოიღეთ მორევის ჯოხი.

c) ქოთნის გვერდები ჩამოუსვით წყლით სუფთა საკონდიტრო ფუნჯის გამოყენებით, სანამ ქოთნის გვერდებზე კრისტალები არ დარჩება.

d) მოათავსეთ ტკბილეულის თერმომეტრი ქვაბში და მოხარშეთ მორევის გარეშე, სანამ ნარევი არ მიაღწევს 290F-ს.

e) ტაფა გადმოდგით ცეცხლიდან და დაუმატეთ სოდასა და მარილის ნარევი. ეს გამოიწვევს კარამელის ქაფს, ამიტომ მოემზადეთ მისი სწრაფად აწევისთვის. ურიეთ სანამ ქაფი ოდნავ არ ჩაცხრება. შემდეგ აურიეთ გახურებული არაქისი.

f) კარამელის-თხილის ნარევი თანაბრად გაანაწილეთ პოპკორნზე. სწრაფად გადაყარეთ პოპკორნი 2 მაღალ ცეცხლზე აურიეთ ჯოხებით, სანამ ყველა პოპკორნი თანაბრად დაიფარება.

g) კარამელის სიმინდი დაასხით სილიკონის საცხობ ხალიჩაზე ან პერგამენტის ქაღალდზე. გამოიყენეთ მორევის ჩხირები, რომ პოპკორნი მსუბუქად დაასხით თანაბარ ფენად. გააცივეთ, შემდეგ დაყავით პატარა კუბებად.

25. Asian Fusion Party Mix

იღებს: დაახლოებით 11 ჭიქა

ინგრედიენტები:

- 6 ჭიქა დაფქული პოპკორნი
- 2 ჭიქა ნაკბენის ზომის ხრაშუნა კონიაკის ბრინჯის საუზმე მარცვლეულის კვადრატები
- 1 ჭიქა უმარილო შემწვარი კეშიუ ან არაქისი
- 1 ჭიქა პატარა პრეცელი
- 1 ჭიქა ვასაბი ბარდა
- ¼ ჭიქა ვეგანური მარგარინი
- 1 სუფრის კოვზი სოიოს სოუსი
- ½ ჩაის კოვზი ნივრის მარილი
- ½ ჩაის კოვზი მარილიანი მარილი

ინსტრუქციები

a) გააცხელეთ ღუმელი 250°F-ზე. 9 x 13 დიუმიან საცხობ ფორმაში შეურიეთ პოპკორნი, მარცვლეული, კეშიუ, პრეტზელი და ბარდა.

b) პატარა ქვაბში შეურიეთ მარგარინი, სოიოს სოუსი, ნივრის მარილი და მარილიანი მარილი. მოხარშეთ, აურიეთ, საშუალო ცეცხლზე, სანამ მარგარინი არ გადნება, დაახლოებით 2 წუთის განმავლობაში. დაასხით პოპკორნის მასა, ურიეთ რომ კარგად აურიოთ. აცხვეთ 45 წუთის განმავლობაში, დროდადრო აურიეთ. სუფრაზე მიტანის წინ მთლიანად გააგრილეთ.

26. საზღვრის მიღმა პოპკორნი

ინგრედიენტები:
- ¼ ჭიქა დაუმუშავებელი სიმინდი (8 ჭიქა დაფქული)
- 1 ჭიქა გახეხილი მონტერეი ჯეკ ყველი
- 2 ჩაის კოვზი ჩილის ფხვნილი
- 2 ჩაის კოვზი პაპრიკა
- 2 ჩაის კოვზი დაფქული კუმინი

ინსტრუქციები:
a) პოპკორნი. შეურიეთ სანელებლები გახეხილ ყველში.
b) მიღებული მასა მოაყარეთ უნაყოფო პოპკორნზე და ათქვიფეთ სანამ კარგად არ აურიეთ.

27. ნუშის მოქას პოპკორნი

ინგრედიენტები:

- ½ ჭიქა ძლიერი ყავა
- ½ ჭიქა თეთრი სიმინდის სიროფი
- ¼ ჭიქა კარაქი
- 1 ჭიქა ყავისფერი შაქარი
- 1 სუფრის კოვზი კაკაო
- ½ ჭიქა პოპკორნი, გახეხილი
- 1 ჭიქა ნუში; chop toasted

ინსტრუქციები:

a) მძიმე ქვაბში ჩავყაროთ ყავა, სიმინდის სიროფი, კარაქი, ყავისფერი შაქარი და კაკაო.

b) მოხარშეთ ზომიერ ცეცხლზე 280~-მდე ტკბილეულის თერმომეტრზე.

c) მოასხით დაფქული სიმინდი და ნუში

28. ნუშის ტოფის პოპკორნი

ინგრედიენტები:

- 1 ჭიქა შაქარი
- ½ ჭიქა კარაქი
- ½ ჭიქა თეთრი სიმინდის სიროფი
- ¼ ჭიქა წყალი
- 1 ჭიქა ნუში; დაჭრილი და შემწვარი
- ½ ჩაის კოვზი ვანილი
- ½ ჭიქა პოპკორნი

ინსტრუქციები:

a) მძიმე ქვაბში შეურიეთ შაქარი, კარაქი, სიმინდის სიროფი, წყალი და ნუში.

b) მოხარშეთ ზომიერ ცეცხლზე 280~-მდე ტკბილეულის თერმომეტრზე.

c) დაუმატეთ ვანილი. კარგად მოურიეთ და დაასხით დაფქული სიმინდი.

29. ამარეტო პოპკორნი

ინგრედიენტები:

- 3 ლიტრი დაფქული პოპკორნი
- 1 ჭიქა გაუფერულებული მთელი ნუში
- ½ ჭიქა მარგარინი ან კარაქი
- ½ ჭიქა ყავისფერი შაქარი შეფუთული
- ½ ჭიქა ამარეტო

ინსტრუქციები:

a) გააცხელეთ ღუმელი 250 F. დაალაგეთ პოპკორნი 2 ჟელე რულეტის ტაფაზე; პოპკორნს მოაყარეთ ნუში. პატარა ქვაბში დაბალ ცეცხლზე გაადნეთ მარგარინი; შეურიეთ ყავისფერი შაქარი და ამარეტო.

b) მიიყვანეთ ადუღებამდე, დროდადრო ურიეთ. ადუღეთ 3 წუთი.

c) გადმოდგით ცეცხლიდან. დაასხით პოპკორნი; აურიეთ სანამ კარგად არ დაიფარება.

d) აცხვეთ 200~-ზე 1 საათის განმავლობაში; გაანაწილეთ ფოლგაზე ან ცვილის ქაღალდზე გასაციებლად.

e) შეინახეთ თავისუფლად თავდახურულ კონტეინერში.

30. გარგრის სამკურნალო პოპკორნი

ინგრედიენტები:

- ¼ ჭიქა კარაქი
- 2 სუფრის კოვზი გარგარის ჟელე ან ჯემი
- 2 სუფრის კოვზი ყავისფერი შაქარი
- ½ ჭიქა პოპკორნი
- ½ ჭიქა მოხალული ქოქოსი
- ½ ჭიქა მოხალული ნუში
- 1 ჭიქა ხმელი გარგარი დაჭრილი პატარა

ინსტრუქციები:

a) მძიმე ქვაბში მოვაყაროთ კარაქი, ჟელე და ყავისფერი შაქარი.

b) მოხარშეთ ზომიერ ცეცხლზე 235~-მდე ტკბილეულის თერმომეტრზე.

c) დაასხით დაფქული სიმინდი, ქოქოსი, ნუში და გარგარი.

31. ასტრონავტი პოპკორნი

ინგრედიენტები:

- 8 ჭიქა დაფქული პოპკორნი
- ½ ჭიქა შაქარი
- ½ ჭიქა ტანგის ფხვნილი ფორთოხლის სასმელი
- ⅓ ჭიქა მსუბუქი სიმინდის სიროფი
- ⅓ ჭიქა წყალი
- ¼ ჭიქა კარაქი
- ½ ჩაის კოვზი ფორთოხლის ექსტრაქტი
- 1 ჩაის კოვზი საცხობი სოდა

ინსტრუქციები:

a) პოპკორნი მოათავსეთ დიდ კარაქიან საცხობ ფორმაში. ცალკე ტაფაში შეურიეთ შაქარი, დალიეთ ნარევი, სიროფი, წყალი და კარაქი. ურიეთ საშუალო ცეცხლზე, სანამ შაქარი არ დაიშლება. მოხარშეთ სანამ ნარევი 250~-ს მიაღწევს კანფეტის თერმომეტრზე, ხშირად ურიეთ.

b) გადმოდგით ცეცხლიდან და შეურიეთ ფორთოხლის ექსტრაქტი და სოდა.

c) დაასხით პოპკორნი, კარგად აურიეთ. აცხვეთ 1 საათის განმავლობაში, დროდადრო ურიეთ. ნება დართეთ მთლიანად გაგრილდეს.

32. ბეკონის ყველის პოპკორნი

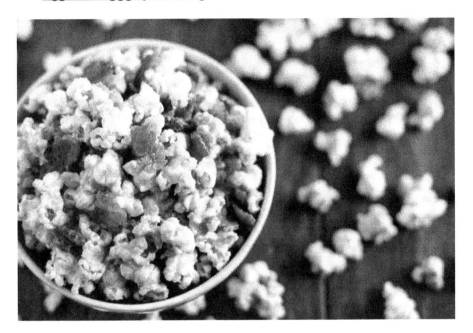

ინგრედიენტები:

- 4 ლიტრი დაფქული პოპკორნი
- ⅓ ჭიქა კარაქი გამდნარი
- ½ ჩაის კოვზი მარილიანი მარილი
- ½ ჩაის კოვზი ჰიკორის შებოლილი მარილი
- ½ ჭიქა გახეხილი ამერიკული ყველი
- ⅓ ჭიქა ბეკონის ნაჭრები

ინსტრუქციები:

a) ჩაასხით ახლად დაფქული სიმინდი დიდ თასში.
b) შეუთავსეთ მარგარინი წიწაკის შებოლილ მარილს.
c) დაასხით პოპკორნი; კარგად მოასხით ქურთუკი.
d) მოაყარეთ ყველი და ბეკონის ნაჭრები.
e) კვლავ აურიეთ და მიირთვით თბილად.

33. ბაიუ პოპკორნი

ინგრედიენტები:

- 3 სუფრის კოვზი კარაქი; ან მარგარინი
- ½ ჩაის კოვზი ნივრის ფხვნილი
- ½ ჩაის კოვზი კაიენის წიწაკა
- ½ ჩაის კოვზი პაპრიკა
- ½ ჩაის კოვზი ხმელი თიამი
- ½ ჩაის კოვზი მარილი
- 12 ჭიქა დაფქული სიმინდი

ინსტრუქციები:

a) მძიმე ქვაბში გაადნეთ კარაქი თაფლზე. სითბო.

b) შეურიეთ სხვა ინგრედიენტები პოპკორნის გარდა. მოხარშეთ 1 წთ.

c) დაასხით პოპკორნი, თანაბრად გადაანაწილეთ. მიირთვით ერთდროულად.

34. BBQ პოპკორნი

ინგრედიენტები:

- 6 სუფრის კოვზი ცხელი ჰაერით გაჟღენთილი პოპკორნი ⅓ ჭიქა კარაქი
- 3 სუფრის კოვზი ჩილის სოუსი
- 1 ჩაის კოვზი ხახვის ფხვნილი
- 1 ჩაის კოვზი ჩილის ფხვნილი ½ ჩაის კოვზი მარილი
- 2 სუფრის კოვზი გახეხილი ყველი პარმეზანი

ინსტრუქციები:

a) პოპკორნი მოათავსეთ დიდ თასში. პატარა ქვაბში გაადნეთ მარგარინი.

b) აურიეთ ჩილის სოუსი, ხახვი და ჩილის ფხვნილი და მარილი.

c) წიწაკის ნაზავი თანდათან დაასხით პოპკორნს, აურიეთ კარგად აურიეთ.

d) მოაყარეთ ყველი და აურიეთ.

35. ბუფალოს ცხელი სიმინდი

ინგრედიენტები:

● 2 ½ ლიტრი დაფქული სიმინდი
● 2 ჭიქა ოდნავ გატეხილი სიმინდის ჩიფსები
● 1 ჭიქა მშრალ-მოხალული არაქისი
● ¼ ჭიქა კარაქი
● 2 სუფრის კოვზი ლუიზიანას სტილის ცხელი სოუსი
● 1 ჩაის კოვზი ნიახურის თესლი
● ¼ ჩაის კოვზი მარილი

ინსტრუქციები:

a) პატარა თასში მოათავსეთ 2 ჭიქა დაფქული სიმინდი; განზე გადადო.

b) შეუთავსეთ დარჩენილი პოპკორნი სიმინდის ჩიფსებთან და არაქისთან.

c) პატარა ქვაბში გაადნეთ კარაქი ცხარე სოუსით, ნიახურის თესლით და მარილით; დაასხით პოპკორნის/არაქისის ნარევს, ნაზად აურიეთ ქურთუკი. გაანაწილეთ 15x10 დიუმიან საცხობ ფირფიტაზე.

d) გამოაცხვეთ 350 გრადუსზე 10 წუთის განმავლობაში. ამოიღეთ საცხობი ფურცლიდან დიდი მომსახურე თასში. მოაყარეთ დარჩენილი 2 ჭიქა დაფქული სიმინდი.

e) მიირთვით დაუყოვნებლივ ან შეინახეთ ჰერმეტულ კონტეინერში.

36. კარაქი პეკანის პოპკორნი

ინგრედიენტები:

- 8 ც დაფქული პოპკორნი (დაახლოებით ⅓-დან ½ ჭიქა გაუხსნელი)
- არაწებოვანი სპრეის საფარი
- ½ ჭიქა გატეხილი პეკანი
- 2 სუფრის კოვზი კარაქი
- ⅓ c მსუბუქი სიმინდის სიროფი
- ¼ ჭიქა მყისიერი კარაქის პეკანის პუდინგის ნაზავი
- ¼ ჩაის კოვზი ვანილი

ინსტრუქციები:

a) გადაყარეთ პოპკორნის გაუხსნელი მარცვლები.

b) შეასხურეთ 17x12x2 დიუმიანი შემწვარი ტაფა არაწებოვანი საფარით.

c) ტაფაში მოათავსეთ დაფქული სიმინდი და პეკანი.

d) პოპკორნი შედგით თბილად 300 გრადუსზე გახურებულ ღუმელში 16 წუთის განმავლობაში, აურიეთ გამოცხობის ნახევარი.

e) ტაფა გამოიღეთ ღუმელიდან.

f) გადააქციეთ ნარევი ფოლგის დიდ ნაჭერზე. მთლიანად გააგრილეთ პოპკორნი.

g) როცა გაგრილდება, დაჭერით დიდ ნაჭრებად.

h) პოპკორნის დარჩენილი ნაწილი შეინახეთ მჭიდროდ თავდახურული გრილ, მშრალ ადგილას 1 კვირამდე.

37. Butterscotch Brownies A-Poppin

ინგრედიენტები:

● 1 ჭიქა მუქ-ყავისფერი შაქარი, მყარად შეფუთული
● ¼ ჭიქა მცენარეული ზეთი
● 1 კვერცხი
● 1 ჩაის კოვზი ვანილი
● ¾ ჭიქა წვრილად დაფქული, დაფქული პოპკორნი
● 1 ჩაის კოვზი გამაფხვიერებელი
● ½ ჩაის კოვზი მარილი

ინსტრუქციები:

a) გავაცხელოთ ღუმელი 350-ზე? F (177? C). 8 დიუმიან კვადრატულ საცხობ ტაფას კარაქი წაუსვით.

b) დიდ თასში აურიეთ ყავისფერი შაქარი, ზეთი და კვერცხი ერთგვაროვან მასამდე.

c) შეურიეთ თხილი და ვანილი.

d) შეურიეთ ერთმანეთს დაფქული პოპკორნი, გამაფხვიერებელი და მარილი.

e) დაუმატეთ ზეთის ნარევს, კარგად აურიეთ.

f) თანაბრად გაანაწილეთ კარაქიან ტაფაში.

g) გამოაცხვეთ 20 წუთის განმავლობაში ან სანამ არ დაიბრაწება.

h) თბილად დავჭრათ კვადრატებად.

i) გამოდის 16 ბრაუნი.

38. Butterscotch Popcorn Crunch

ინგრედიენტები:

- ½ ჭიქა გაუხსნელი პოპკორნი
- 1 ჭიქა ღია ყავისფერი შაქარი შეფუთული
- ½ ჭიქა მსუბუქი სიმინდის სიროფი
- ½ ჭიქა კარაქი
- ¼ ჭიქა Butterscotch ჩიფსები
- 1 ჩაის კოვზი ვანილის ექსტრაქტი
- ½ ჩაის კოვზი საცხობი სოდა
- ¼ ჩაის კოვზი მარილი
- 2 ჭიქა მოხალული ნიგოზი

ინსტრუქციები:

a) გააცხელეთ ღუმელი 250-ზე. 14x10 ინჩის გამოსაცხობ ტაფას წაუსვით ცხიმი. დაასხით პოპკორნი.

b) ძალიან დიდ თასში მოათავსეთ თხილი და პოპკორნი. ყავისფერი შაქარი, სიმინდის სიროფი და კარაქი მიიყვანეთ ადუღებამდე, ურიეთ სანამ შაქარი არ დაიშლება.

c) შეამცირეთ სითბო და მოხარშეთ 5 წუთის განმავლობაში. ამოიღეთ ცეცხლიდან; აურიეთ კარაქის ჩიფსები, ვანილი, საცხობი სოდა და მარილი, სანამ არ გახდება გლუვი და გლუვი. სწრაფად იმუშავეთ და ორი ხის კოვზით დაასხით სიროფი პოპკორნს და თხილს, აურიეთ, რომ კარგად დაიფაროს.

d) დაასხით ნარევი ტაფაში; გამოაცხვეთ 45 წუთის განმავლობაში, დროდადრო აურიეთ.

e) გამოიღეთ ღუმელიდან, გააგრილეთ ნარევი ტაფაზე დაახლოებით 15 წუთის განმავლობაში. ნარევი გადმოდგით ტაფიდან ფოლგაზე, რომ მთლიანად გაცივდეს.

f) პოპკორნი დაჭერით პატარა ნაჭრებად; შეინახეთ ჰერმეტულ კონტეინერებში გრილ მშრალ ადგილას 2 კვირამდე. გამოდის დაახლოებით 4 ლიტრი.

39. კაჯუნი პოპკორნი

ინგრედიენტები:

- ½ ჭიქა კარაქი, გამდნარი
- 2 ჩაის კოვზი პაპრიკა
- 2 ჩაის კოვზი ლიმონის წიწაკის სუნელი
- 1 ჩაის კოვზი მარილი
- 1 ჩაის კოვზი ნივრის ფხვნილი
- 1 ჩაის კოვზი ხახვის ფხვნილი
- ¼ ჩაის კოვზი დაფქული წითელი წიწაკა
- 20 ჭიქა დაფქული პოპკორნი

ინსტრუქციები:

a) გააცხელეთ ღუმელი 300-მდე. პატარა თასში შეურიეთ მარგარინი, პაპრიკა, ლიმონის წიწაკა, მარილი, ნივრის ფხვნილი, ხახვის ფხვნილი და წითელი წიწაკა.

b) პოპკორნი მოათავსეთ დიდ საცხობ ფორმაში; პოპკორნს დაასხით კარაქის ნარევი და ურიეთ სანამ კარგად არ გახდება დაფარული. აცხვეთ 15 წუთის განმავლობაში, აურიეთ ყოველ 5 წუთში.

c) ამოიღეთ ღუმელიდან; სრულიად მაგარი. შეინახეთ ჰერმეტულ კონტეინერში.

d) დაფქული სიმინდი 37-ჯერ მეტ ადგილს იკავებს, ვიდრე გაუფუჭებულ სიმინდს

40. Candy Apple Popcorn Balls

ინგრედიენტები:

- 2 სუფრის კოვზი კარაქი
- 2 სუფრის კოვზი შაქარი
- 2 სუფრის კოვზი ყავისფერი შაქარი
- ¼ ჭიქა მელასი
- ¼ ჭიქა თეთრი სიმინდის სიროფი
- ¼ ჩაის კოვზი დარიჩინი
- ⅛ ჩაის კოვზი ჯანჯაფილი
- ds მიხაკი
- ½ ჭიქა პოპკორნი; ამოვარდა
- 1 ჭიქა ნიგოზი; chop, toasted
- 1 ჭიქა ხმელი ვაშლი; დაჭრილი პატარა

ინსტრუქციები:

a) მძიმე ქვაბში მოვაყაროთ კარაქი, შაქარი, ყავისფერი შაქარი, მელასი, სიმინდის სიროფი, დარიჩინი, ჯანჯაფილი და კბილი.

b) მოხარშეთ ზომიერ ცეცხლზე 280~-მდე ტკბილეულის თერმომეტრზე.

c) მოასხით დაფქული სიმინდი, ნიგოზი და ვაშლი. ფორმის ბურთები.

41. კარამელის პოპკორნი

ინგრედიენტები:

- 2 ჭიქა ყავისფერი შაქარი
- ½ ჭიქა მუქი სიმინდის სიროფი
- 1 ჭიქა კარაქი
- 1 ჩაის კოვზი ვანილის ექსტრაქტი
- 1 პაკეტი კბილის კრემი
- მარილი გემოვნებით
- ½ ჩაის კოვზი საცხობი სოდა
- 8 ლიტრი პოპკორნი; ამოვარდა

ინსტრუქციები:

a) ქვაბში შეურიეთ შაქარი, სიროფი და კარაქი.

b) მიიყვანეთ ადუღებამდე და მოხარშეთ 5 წუთის განმავლობაში.

c) გადმოდგით ცეცხლიდან და დაუმატეთ ვანილი, ტარტარის კრემი, მარილი და სოდა.

d) ურიეთ სანამ არ გახდება ღია ფერის და არ მოიმატებს მოცულობას.

e) მიღებული მასა დაასხით პოპკორნს და მოურიეთ.

f) მოათავსეთ შემწვარ ტაფაში.

g) აცხვეთ 200 გრადუსზე 1 საათის განმავლობაში 2 ან 3-ჯერ მორევით.

h) დაასხით ცვილის ქაღალდზე და გამოაცალეთ გასაგრილებლად.

i) გამოდის 8 კვარტლს.

42. ჩედარის პოპკორნი

ინგრედიენტები:

- ⅔ c გაუხსნელი პოპკორნი
- ⅓ გ კარაქი
- 1 ჭიქა წვრილად გახეხილი ყველი ჩედარი
- მარილი და პილპილი გემოვნებით

ინსტრუქციები:

a) დაასხით პოპკორნი. გაადნეთ კარაქი.

b) ცოტაოდენი წიწაკა გახეხეთ კარაქში. აურიეთ.

c) ყველი ჩაყარეთ პოპკორნში.

d) ზემოდან დაასხით კარაქის ნარევი, მარილი.

43. ალუბლის პოპკორნი

ინგრედიენტები:

● 2½ ლიტრი ჰაერში მოხვედრილი პოპკორნი კარაქის არომატიზებული სპრეი
● 1 პაკეტი ალუბლის არომატიზებული ჟელატინი

ინსტრუქციები:

a) პოპკორნი ჩაყარეთ ძალიან დიდ თასში და მსუბუქად შეასხურეთ კარაქის არომატიზებული ზეთი.

b) მოაყარეთ ჟელატინი. შედგით 350 გრადუსზე გახურებულ ღუმელში ხუთი წუთის განმავლობაში.

c) ჟელატინი ოდნავ გაიხსნება და პოპკორნს ეწებება.

44. ქათმის პოპკორნი

ინგრედიენტები:

- 2-½ სუფრის კოვზი კარაქი
- 1 კუბიკი ქათმის ბულიონი
- 2 ლიტრი დაფქული პოპკორნი
- მარილი გემოვნებით

ინსტრუქციები:

a) გაადნეთ კარაქი დაბალ ცეცხლზე. ბულიონის კუბიკი გავხსნათ გამდნარ კარაქში.

b) მოასხით პოპკორნს. დაამატეთ მარილი გემოვნებით. აკეთებს 2 ლიტრს.

45. ჩილის პოპკორნი

ინგრედიენტები:

- 1 ჩაის კოვზი მარილი
- 1 ჩაის კოვზი ჩილის ფხვნილი
- ½ ჩაის კოვზი ნივრის ფხვნილი
- 1 ჩაის კოვზი დაფქული კუმინი
- 1 სუფრის კოვზი ხმელი ხახვის ფანტელები
- კაიენის წიწაკა გემოვნებით
- ½ ჭიქა პოპკორნი
- კარაქი გემოვნებით

ინსტრუქციები:

a) შეურიეთ მარილი, ჩილის ფხვნილი, ნივრის ფხვნილი, კუმინი, ხახვის ფანტელები და კაიენი და კარგად აურიეთ.

b) გამოიყენეთ ერთი ან ორი ჩაის კოვზი ½ ჭიქა სიმინდის კარაქთან ერთად.

c) რას აქვს ყურები, მაგრამ არ გესმის?

d) სიმინდის ღერო.

46. ჩინური პოპკორნი Delight

ინგრედიენტები:

- 2 ½ ლიტრი დაფქული პოპკორნი
- 1 ჭიქა Chow Mein noodles, სურვილისამებრ
- ½ ჭიქა არაქისი
- ⅓ ჭიქა არაქისის ზეთი
- 2 სუფრის კოვზი სოიოს სოუსი
- 1 ჩაის კოვზი ხუთსანელიანი ფხვნილი
- ½ ჩაის კოვზი ნივრის ფხვნილი
- ½ ჩაის კოვზი სეზამის მარილი ან მარილი
- ½ ჩაის კოვზი დაფქული კოჭა
- ¼ ჩაის კოვზი კაიენის წიწაკა
- ⅛ ჩაის კოვზი შაქარი

ინსტრუქციები:

a) თბილად შეინახეთ პოპკორნი, ნუდლი და არაქისი.

b) შეუთავსეთ სხვა ინგრედიენტები და კარგად აურიეთ.

c) ნელ-ნელა დაასხით პოპკორნის ნარევს, აურიეთ რომ აურიოთ.

d) ჩაასხით დიდ შემწვარ ტაფაში. გააცხელეთ 300 გრადუს ფარენჰეიტზე გახურებულ ღუმელში 5-10 წუთის განმავლობაში, ერთხელ აურიეთ.

47. შოკოლადის კრემი პოპკორნი

ინგრედიენტები:

- 2 ლიტრი დაფქული სიმინდი
- 1 ჭიქა შაქარი
- ½ ჭიქა წყალი
- ⅓ გ სიმინდის სიროფი
- ¼ ჩაის კოვზი მარილი
- 3 სუფრის კოვზი მარგარინი
- ⅓ გ შოკოლადის ნაჭრები
- 1 ჩაის კოვზი ვანილის ექსტრაქტი

ინსტრუქციები:

a) მსუბუქად წაუსვით ცხიმი დიდი თასი; მასში მოათავსეთ გახეხილი სიმინდი. ქვაბში აურიეთ შაქარი, წყალი, სიმინდის სიროფი და მარილი.

b) მოხარშეთ ზომიერ ცეცხლზე 240 გრადუსამდე F.

c) დაამატეთ მარგარინი; როცა დნება; დაამატეთ შოკოლადი. შეურიეთ ვანილი.

d) ნელ-ნელა მოასხით ცხელი სიროფი დაფქულ სიმინდს, მუდმივად ურიეთ ორი ჩანგლით.

e) განაგრძეთ მორევა, სანამ სიმინდი არ დაიფარება და სიროფი სიპრიალს არ დაკარგავს.

f) როცა ნარევი გაცივდა; შეინახეთ მჭიდროდ დახურულ კონტეინერებში.

48. შოკოლადის მომინანქრებული პოპკორნის კვადრატები

ინგრედიენტები:

- 1 პკ მიკროტალღური პოპკორნი დაფქული
- 2 სუფრის კოვზი კარაქი
- 10 ½ უნცია მინი მარშმლოუ
- ¼ ჭიქა შოკოლადი მზა გასავრცელებლად - ყინვაგამძლე
- ½ ჭიქა დამარილებული არაქისი
- ⅓ c შოკოლადი მზა გასავრცელებლად - ყინვაგამძლე

ინსტრუქციები:

a) 9x13 დიუმიან ტაფას წაუსვით ცხიმი.

b) პოპკორნიდან ამოიღეთ და გადააგდეთ გაუხსნელი მარცვლები.

c) კარაქი მოათავსეთ 4 ლიტრიან მიკროტალღოვან თასში.

d) მიკროტალღურ ღუმელში, დაუფარავად, HIGH-ზე, დაახლოებით 30 წამის განმავლობაში, ან სანამ არ გადნება.

e) აურიეთ მარშმელოუ და გააცივეთ სანამ მარშმლოუ არ დაიფარება.

f) მიკროტალღურ ღუმელში, დაუფარავად, 2-3 წუთი, ყოველ წუთს ურიეთ, სანამ ნარევი გლუვი გახდება.

g) მოაყარეთ არაქისი და პოპკორნი შეფუთვამდე.

h) ნარევი დაჭერით ტაფაზე.

i) წაუსვით შოკოლადის მინანქარი; მაგარი.

j) დავჭრათ ბარებად.

k) შოკოლადის მინანქარი: მოათავსეთ მზა ყინვაგამძლე პატარა მიკროტალღოვან თასში.

l) მიკროტალღურ ღუმელში, HIGH-ზე, დაახლოებით 30 წამი ან სანამ არ გადნება.

49. ვაშლის პოპკორნი დარიჩინი

ინგრედიენტები:

- 2 ჭიქა დაჭრილი ხმელი ვაშლი
- 10 ჭიქა დაფქული პოპკორნი
- 2 ჭიქა პეკანის ნახევრები
- 4 სუფრის კოვზი გამდნარი კარაქი
- 1 ჩაის კოვზი დარიჩინი
- ¼ ჩაის კოვზი მუსკატის კაკალი
- 2 სუფრის კოვზი ყავისფერი შაქარი
- ¼ ჩაის კოვზი ვანილის ექსტრაქტი

ინსტრუქციები:

a) გააცხელეთ ღუმელი 250 გრადუსზე. ვაშლი მოათავსეთ დიდ ზედაპირულ საცხობ ფორმაში. აცხვეთ 20 წუთის განმავლობაში. გამოიღეთ ტაფა ღუმელიდან და შეურიეთ პოპკორნი და თხილი.

b) პატარა თასში შეურიეთ სხვა ინგრედიენტები.

c) დაასხით კარაქის ნარევი პოპკორნის ნარევს, კარგად აურიეთ. აცხვეთ 30 წუთის განმავლობაში, აურიეთ ყოველ 10 წუთში.

d) დაასხით ცვილის ქაღალდზე გასაციებლად. შეინახეთ ჰერმეტულ კონტეინერში.

e) აკეთებს 14 ჭიქა ნარევს.

50. CocoaPop Fudge

ინგრედიენტები:

- 2 ჭიქა შაქარი
- 2 კვადრატი უშაქრო შოკოლადი
- ¼ ჭიქა ტკბილი შესქელებული რძე
- ¾ ჭიქა წყალი
- 1½ ჭიქა დაფქული სიმინდი, დაჭრილი
- 1 სუფრის კოვზი კარაქი
- ვანილი
- ⅛ ჩაის კოვზი მარილი

ინსტრუქციები:

a) ქვაბში გაადნეთ შოკოლადი. დაამატეთ შაქარი, რძე, წყალი, კარაქი და მარილი.

b) ადუღეთ ბურთის რბილ ეტაპზე (234 - 238 F). გადმოიღეთ ცეცხლიდან. დაამატეთ არომატიზატორი და დაფქული სიმინდი.

c) გააცივეთ ოთახის ტემპერატურამდე. ურიეთ კრემისებამდე. ჩაასხით კარგად კარაქიან, არაღრმა ტაფაში. დავჭრათ კვადრატებად.

51. ქოქოსის პეკანის პოპკორნი

ინგრედიენტები:

- 16 ჭიქა დაფქული პოპკორნი
- 1 პაკეტი ქოქოსის-პეკანის ყინვაგამძლე ნაზავი
- ½ ჭიქა კარაქი
- ¼ ჭიქა მსუბუქი სიმინდის სიროფი ⅓ ჭიქა წყალი
- ½ ჩაის კოვზი მარილი
- ½ ჩაის კოვზი საცხობი სოდა

ინსტრუქციები:

a) გააცხელეთ ღუმელი 200 F-ზე. გაყავით პოპკორნი 2 სწორკუთხა ფორმას შორის ცხიმის გარეშე. გააცხელეთ საყინულე ნაზავი (მშრალი), მარგარინი, სიმინდის სიროფი, წყალი და მარილი, დროდადრო აურიეთ, სანამ კიდეებს ბუშტუკებს არ მიიღებთ.

b) განაგრძეთ ხარშვა საშუალო ცეცხლზე 5 წუთის განმავლობაში, დროდადრო აურიეთ. გადმოდგით ცეცხლიდან. აურიეთ სოდა ქაფამდე.

c) დაასხით პოპკორნი. ურიეთ სანამ კარგად არ დაიფარება. აცხვეთ 1 საათის განმავლობაში, ურიეთ ყოველ 15 წუთში. შეინახეთ ჰერმეტულ კონტეინერში. აკეთებს 16 ჭიქას.

52. ქოქოსის პოპკორნის ღვეზელი

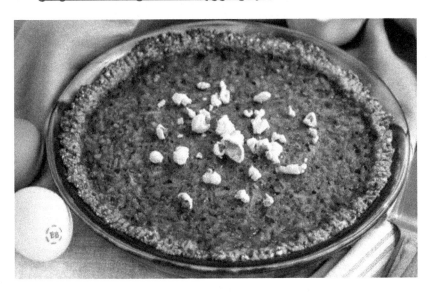

ინგრედიენტები:

- 2 ლიტრი დაფქული პოპკორნი, უმარილო
- 1 ქილა (4 უნცია) დაფქული ქოქოსი, მოხალული
- 1 ჭიქა შაქარი
- 1 ჭიქა მსუბუქი სიმინდის სიროფი
- ½ ჭიქა კარაქი
- ¼ ჭიქა წყალი
- 2 ჩაის კოვზი მარილი
- 1 ჩაის კოვზი ვანილი
- 1 ლიტრი ვანილი, სპუმონი ან პეკანის კარაქი ნაყინი
- ტკბილი ახალი ან გაყინული გაყინული ხილის ან შოკოლადის სოუსი

ინსტრუქციები:

a) დიდ კარაქიან თასში შეურიეთ პოპკორნი და ქოქოსი.

b) ქვაბში შეურიეთ შაქარი, სიროფი, კარაქი ან მარგარინი, წყალი და მარილი.

c) მიიყვანეთ ადუღებამდე დაბალ ცეცხლზე, ურიეთ სანამ შაქარი არ დაიშლება. გააგრძელეთ ხარშვა მანამ, სანამ სიროფი არ მიაღწევს მძიმე ბზარის სტადიას (290-295 გრადუსი ფარენჰეიტი). შეურიეთ ვანილი.

d) დაასხით სიროფი წვრილ ნაკადად პოპკორნის ნარევს; ურიეთ სანამ ნაწილაკები თანაბრად არ შეიწოვება სიროფით.

e) პოპკორნის ნარევის ნახევარი გადააბრუნეთ კარაქიან 12 დიუმიან პიცის ტაფაზე; გაანაწილეთ თხელ ფენად, რომელიც ფარავს ტაფის ძირს.

f) მონიშნეთ სოლი ფორმის ულუფებად. გაიმეორეთ პოპკორნის დარჩენილი ნარევის გამოყენებით; მაგარი. დააფარეთ ერთი ფენა ნაყინით; ზემოდან მოაყარეთ პოპკორნის მეორე ფენა.

g) შეინახეთ საყინულეში. მიირთვით, დავჭრათ კუბებად.

h) მიირთვით უბრალო ან სასურველი ხილით ან სოუსით.

53. ხრაშუნა

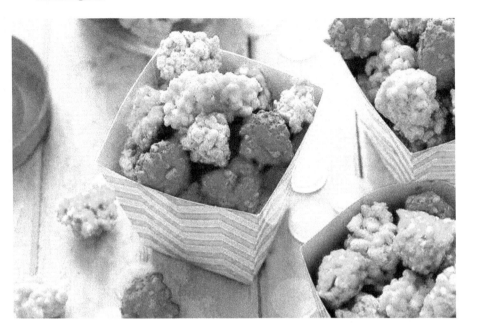

ინგრედიენტები:

- 1 ჭიქა მელასი
- 1 ჭიქა შაქარი
- 3 ლიტრი დაფქული სიმინდი
- ½ ჩაის კოვზი მარილი
- 1 სუფრის კოვზი კარაქი გაადნეთ კარაქი.

ინსტრუქციები:

a) დაამატეთ შაქარი, მარილი და მელასი. ადუღეთ მყარი ბზარის სტადიამდე (285 - 290 F).
b) დაასხით სიმინდი, აურიეთ დაასხით. გაანაწილეთ თხელ ფენად გასაგრილებლად.
c) დაარღვიე ნაჭრებად.

54. Cranberry Popcorn ბურთები

ინგრედიენტები:

- 2 ჭიქა შაქარი
- 1 ჭიქა გაყინული მოცვი-ფორთოხლის კერძი
- ½ ჭიქა მოცვის წვენი
- ½ ჭიქა მსუბუქი სიმინდის სიროფი
- 1 ჩაის კოვზი ძმარი ½ ჩაის კოვზი მარილი
- 5 ლიტრი უმარილო დაფქული პოპკორნი

ინსტრუქციები:

a) შეურიეთ ყველა ინგრედიენტი, გარდა პოპკორნისა, მძიმე ქვაბში. მიიყვანეთ ადუღებამდე; შეამცირეთ სითბო და მოხარშეთ 250 გრადუსამდე ფარენჰეიტზე კანფეტის თერმომეტრზე. ნარევი ადუღდება ტაფაში, ასე რომ დააკვირდით, რომ არ ადუღდეს. ნელ-ნელა დაასხით ცხელ პოპკორნზე და აურიეთ კარგად შესხურებამდე. გააჩერეთ 5 წუთი ან სანამ ნარევი ადვილად არ გადაიქცევა ბურთულებად. წაუსვით ხელები კარაქი და ჩამოაყალიბეთ 3 დიუმიანი ბურთულები.

55. კარი პარმეზანის პოპკორნი

ინგრედიენტები:

- ½ ჭიქა კარაქი, გამდნარი
- ⅓ გ გახეხილი ყველი პარმეზანი
- ½ ჩაის კოვზი მარილი
- ¼ ჩაის კოვზი კარის ფხვნილი
- 12 ჭიქა პოპკორნი (უკვე ამოღებული)

ინსტრუქციები:

a) შეურიეთ მარგარინი, ყველი, მარილი და კარის ფხვნილი.

b) დაასხით პოპკორნი; ჩააგდოს.

56. მთვრალი პოპკორნის ბურთები

ინგრედიენტები:

- 2 ლიტრი დაფქული პოპკორნი
- ½ ჭიქა მშრალი ვისკის მაწონი (2 პაკეტი ინდივიდუალური სასმელის ნარევი)
- ½ ჭიქა შაქარი
- ¼ ჩაის კოვზი მარილი
- ¼ ჭიქა მსუბუქი სიმინდის სიროფი
- ½ ჭიქა წყალი
- ½ ჩაის კოვზი ძმარი

ინსტრუქციები:

a) გააცხელეთ ღუმელი 250-ზე. მოათავსეთ პოპკორნი დიდ 4 დიუმიან კარაქიან საცხობ ფორმაში. ჭარბად შეინახეთ თბილი.

b) შეუთავსეთ სხვა ინგრედიენტები დიდ ქვაბში. მოხარშეთ სანამ ნარევი 250-ს არ მიაღწევს კანფეტის თერმომეტრზე. პოპკორნი გამოიღეთ ღუმელიდან. სიროფის ნარევი დაასხით პოპკორნს.

c) კარგად აურიეთ და ფორმა!!

57. ხილის პოპკორნის საცხობი

ინგრედიენტები:

- 7 ჭიქა მოხარშული პოპკორნი
- 1 ჭიქა პეკანის ნაჭრები
- ¾ ჭიქა დაშაქრული წითელი ალუბალი დაჭერით
- ¾ ჭიქა ყავისფერი შაქარი შეფუთული
- 6 სუფრის კოვზი კარაქი
- 3 სუფრის კოვზი მსუბუქი სიმინდის სიროფი
- ¼ ჩაის კოვზი საცხობი სოდა
- ¼ ჩაის კოვზი ვანილი

ინსტრუქციები:

a) პოპკორნიდან ამოიღეთ ყველა გაუხსნელი ბირთვი. 17x12x12 ინჩიანი საცხობ ფორმაში შეურიეთ პოპკორნი, პეკანი და ალუბალი. 1 ლიტრიანი ქვაბში შეურიეთ ყავისფერი შაქარი, კარაქი და სიმინდის სიროფი.

b) მოხარშეთ და მოურიეთ საშუალო ცეცხლზე, სანამ კარაქი არ გადნება და ნარევი ადუღებამდე არ მიდის. მოხარშეთ დაბალ ცეცხლზე კიდევ 5 წუთის განმავლობაში.

c) გადმოდგით ცეცხლიდან. შეურიეთ სოდა და ვანილი.

d) ნარევი დაასხით პოპკორნს; ნაზად აურიეთ პოპკორნის ნარევის დასაფარავად.

e) გამოაცხვეთ 300~ ღუმელში 15 წუთის განმავლობაში; აურიეთ.

f) გამოაცხვეთ კიდევ 5-10 წუთი. პოპკორნი ამოიღეთ დიდ თასში, გააგრილეთ

58. ხილის პოპკორნის ნამცხვრები

ინგრედიენტები:

- 1 ჭიქა წვრილად დაფქული სიმინდი
- 1 ჭიქა შაქარი
- 1 ჭიქა წვრილად დაჭრილი ჩირი, ნებისმიერი სახის
- ½ ჭიქა გამდნარი მაწონი
- ¼ ჭიქა ტკბილი შესქელებული რძე
- ¼ ჭიქა წყალი
- 1 კვერცხი, კარგად ათქვეფილი
- 1 ჭიქა ფქვილი
- 1 ჭიქა სიმინდის კვება
- 1 ჩაის კოვზი მარილი
- 1½ ჩაის კოვზი მუსკატის კაკალი
- 4 ც გამაფხვიერებელი

ინსტრუქციები:

a) გავცრათ ფქვილი, გავზომოთ და გავცრათ გამაფხვიერებელთან, ჯავზით, მარილით და სიმინდის ფქვილით. შეუთავსეთ მაწონი შაქარი. დაამატეთ კვერცხი.

b) დაამატეთ რძე და წყალი. საფუძვლიანად აურიეთ. დაუმატეთ ფქვილის ნარევი, დაფქული სიმინდი და ჩირი.

c) საფუძვლიანად აურიეთ. გადააბრუნეთ მსუბუქად ფქვილმოყრილ დაფაზე. გააბრტყელეთ ⅓ ინჩის სისქის ფურცელში. დავჭრათ ფქვილმოყრილი საჭრელით. მოათავსეთ ოდნავ ზეთიან საცხობ ფირფიტაზე. გამოაცხვეთ ცხელ ღუმელში (425 F) 10-12 წუთის განმავლობაში.

59. ნივრის ჩედარის პოპკორნის ბურთები

ინგრედიენტები:

- 50 კბილი ახალი ნიორი
- 2 ჩაის კოვზი მარილი
- 4 ც გახეხილი ჩედარის ყველი
- 5 ლიტრი დაფქული სიმინდი

ინსტრუქციები:

a) გაფცქვენით ნიორი და დაჭერით მარილით, რათა თავიდან აიცილოთ წებოვნება და ნივრის წვენები შეიწოვოს. ნიორი მოაყარეთ ყველით. დიდ მინის ან პლასტმასის თასში მოამზადეთ დაფქული სიმინდისა და ნიორი-ყველის ნარევის ალტერნატიული ფენები, რაც შეიძლება თანაბრად დაფარეთ პოპკორნი, განსაკუთრებით თასის კიდეზე.

b) შედგით მიკროტალღურ ღუმელში და ადუღეთ 1 წუთი. ნაზად შეანჯღრიეთ თასი; გაახურეთ 180 გრადუსი და მოხარშეთ კიდევ 1 წუთი. ზედმეტად არ მოხარშოთ. დაუყონებლივ გადაიტანეთ ფურცელზე და სწრაფად ჩამოაყალიბეთ ქლიავის ზომის ბურთულები. დააფინეთ ბურთები ცვილის ქაღალდის ფურცლებზე. აკეთებს 4 ათეულ პოპკორნის ბურთულას.

60. ოქროს პოპკორნის კვადრატები

ინგრედიენტები:

- 2 ჭიქა შაქარი
- ½ ჭიქა სიროფი მსუბუქი
- 1 ჭიქა ცხელი წყალი
- ¼ ჩაის კოვზი მარილი

ინსტრუქციები:

a) ადუღეთ რბილ ბურთულამდე. დაუმატეთ ვანილი და ლიმონის წვენი.

b) დაასხით 5 ლიტრი პოპკორნი, გაცხელებული 1 ჭიქა არაქისის ან 1 ჭიქა კაკლის ხორცით.

c) დაფარეთ ცხელი სიროფით.

d) აურიეთ და გაანაწილეთ. დავჭრათ კვადრატებად.

61. გრანოლა კრანჩ პოპკორნი

ინგრედიენტები:

- ¼ ჭიქა კარაქი
- 3 სუფრის კოვზი თაფლი
- 3 სუფრის კოვზი ყავისფერი შაქარი
- ½ ჭიქა პოპკორნი
- 1 ჭიქა მოხალული თხილი
- 1 ჭიქა ნაგლინი შვრია
- 1 ჭიქა მოხალული ქოქოსი
- 1 ჭიქა ქიშმიში

ინსტრუქციები:

a) მძიმე ქვაბში მოვაყაროთ კარაქი, თაფლი და ყავისფერი შაქარი.

b) მოხარშეთ ზომიერ ცეცხლზე, სანამ არ გადნება.

c) დაასხით დაფქული სიმინდი, თხილი, შვრია, ქოქოსი და ქიშმიში.

d) აცხვეთ 300-ზე 30 წუთის განმავლობაში.

62. გრანოლა პოპკორნის ბარები

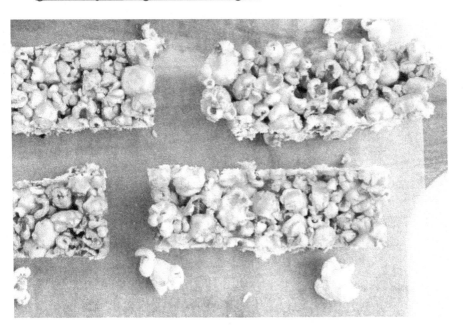

ინგრედიენტები:

- 2 ლიტრი დაფქული პოპკორნი
- 1 ჭიქა თაფლი
- 2 ჭიქა შვრია
- 1 ჭიქა ქიშმიში
- ½ გ დაჭრილი ფინიკი
- 1 ჭიქა დაჭრილი მშრალი შემწვარი არაქისი

ინსტრუქციები:

a) ქვაბში გააცხელეთ თაფლი, სანამ არ გათხელდება და ადვილად არ ჩამოისხამს.

b) დიდ თასში მოათავსეთ პოპკორნი, შვრია, ქიშმიში და თხილი და აურიეთ ერთმანეთში.

c) ნარევს დაასხით თაფლი და მოურიეთ ხის კოვზით.

d) დაჭერით ცხიმწასმულ 9x13 დიუმიან ტაფაზე, დააფარეთ პლასტმასის საფარით და გააცივეთ რამდენიმე საათის განმავლობაში. ნაზავი ზოლებად დაჭრამდე მყარად დაჭერით.

e) აკეთებს 12-ს.

63. მოსავალი / საშემოდგომო პოპკორნი

ინგრედიენტები:

- ⅓ ჭიქა გამდნარი კარაქი
- 1 ჩაის კოვზი ხმელი კამა სარეველა
- 1 ჩაის კოვზი ლიმონის წიწაკის მარინადი
- 1½ ჩაის კოვზი Worcestershire სოუსი
- ½ ჩაის კოვზი ხახვის ფხვნილი
- ½ ჩაის კოვზი ნივრის ფხვნილი
- ½ ჩაის კოვზი მარილი
- 2 ლიტრი დაფქული პოპკორნი
- 2 ჭიქა ფეხსაცმლის კარტოფილი
- 1 ჭიქა შერეული თხილი

ინსტრუქციები:

a) შეურიეთ პირველი 7 ინგრედიენტი და კარგად აურიეთ. დაამატეთ სხვა ინგრედიენტები.

b) აურიეთ/შეანჯღრიეთ სანამ კარგად არ აირევა.

c) გაანაწილეთ ფუნთუშების ფურცელზე.

d) გამოაცხვეთ წინასწარ გახურებულ 350 გრადუსზე გახურებულ ღუმელში 6-10 წუთის განმავლობაში ან მსუბუქად შეფერილობამდე, ერთხელ აურიეთ. ისიამოვნეთ!!!

64. ჰავაიური პოპკორნის მიქსი

ინგრედიენტები:

- 3 ჭიქა თაფლი გრეჰემის მარცვლეული
- 1 ჭიქა დამარილებული არაქისი
- 1 ჭიქა ქიშმიში
- 1 ჭიქა გამხმარი ბანანის ჩიფსები
- 2 სუფრის კოვზი მარგარინი ან კარაქი
- 2 სუფრის კოვზი თაფლი
- ½ ჩაის კოვზი დარიჩინი
- ¼ ჩაის კოვზი მარილი
- 4 ჭიქა დაფქული პოპკორნი
- 1 ჭიქა დაფქული ქოქოსი

ინსტრუქციები:

a) გააცხელეთ ღუმელი 300 F-მდე.

b) ჟელე რულეტის ტაფაში შეურიეთ მარცვლეული, არაქისი, ქიშმიში და ბანანის ჩიფსები.

c) მარგარინი და თაფლი გავაცხელოთ ქვაბში დაბალ ცეცხლზე, სანამ მარგარინი არ დნება.

d) შეურიეთ დარიჩინი და მარილი. დაასხით მარცვლეულის ნაზავი.

e) აურიეთ სანამ თანაბრად დაფარულია. აცხვეთ 10 წუთი, ერთხელ აურიეთ. შეურიეთ პოპკორნი და ქოქოსი.

f) სურვილისამებრ მოაყარეთ დამატებითი მარილი. შეინახეთ ჰერმეტულ კონტეინერში. აკეთებს 10 ჭიქას.

65. ზეციური ჰაში პოპკორნი

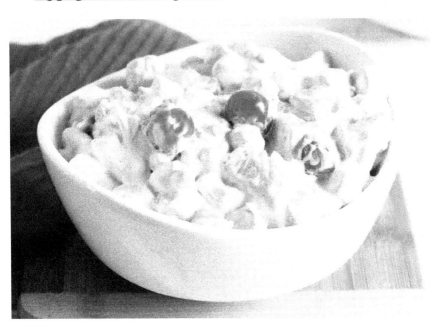

ინგრედიენტები:

- ¼ ჭიქა კარაქი
- 1 ჭიქა შოკოლადის ჩიფსები
- 1 ჭიქა მოხალული პეკანი
- 6 ჭიქა დაფქული პოპკორნი
- 4 ჭიქა მინიატურული მარშმლოუ

ინსტრუქციები:

a) მძიმე ქვაბში მოვაყაროთ კარაქი, შოკოლადი და პეკანი.

b) მოხარშეთ ზომიერ ცეცხლზე, სანამ არ გადნება, ხშირად ურიეთ, რომ არ დაიწვას. მოასხით დაფქული სიმინდი და მარშამლოუ.

c) აურიეთ კარგად. წაუსვით კარაქწასმულ ფუნთუშას და შედგით მაცივარში გასაგრილებლად.

d) ვარიაციებისთვის, შეგიძლიათ შეცვალოთ კარაქის ნაჭრები ან გამოიყენოთ მწარე შოკოლადი. თეთრი შოკოლადის ნაჭრები ჩიფსების ნაცვლად ქმნის ლამაზ თეთრ კანფეტს, რომელიც შეიძლება შეღებოთ და ჩამოსხმული ტორტის ფორმაში. იოგურტის კანფეტის საფარი ასევე შეიძლება გამოყენებულ იქნას უფრო პიკანტური არომატისთვის.

66. სადღესასწაულო პოპკორნის ბურთები

ინგრედიენტები:

- ½ პტ კაროს სიროფი
- 1 ½ პტ ყავისფერი შაქარი
- 2 სუფრის კოვზი კარაქი
- 1 ჩაის კოვზი ძმარი
- ½ ჩაის კოვზი საცხობი სოდა
- დაახლოებით 6 ლიტრი პოპკორნი

ინსტრუქციები:

a) გააცხელეთ ნარევი სანამ არ გამაგრდება წყალში ჩაშვებისას.

b) გადმოდგით გაზქურის უკანა მხარეს, დაამატეთ 1 ტ წყალში გახსნილი სოდა და დაასხით ფრანგული პოპკორნი.

c) გააკეთებენ 3 ათეულ ბურთულას.

67. თაფლის პეკანის პოპკორნი

ინგრედიენტები:

- 3 ლიტრი დაფქული პოპკორნი (მარცვლის გარეშე)
- 2 ჭიქა პეკანის ნახევარი
- ½ ჭიქა თაფლი
- ½ ჭიქა კარაქი ან მარგარინი
- 1 ჩაის კოვზი ვანილი

ინსტრუქციები:

a) გააცხელეთ ღუმელი 350 გრადუსზე F.

b) შეუთავსეთ პოპკორნი და თხილი დიდ სითბოს მდგრად თასში; განზე გადადო.

c) პატარა ქვაბში შეურიეთ კარაქი, თაფლი და ვანილი.

d) მოხარშეთ საშუალო ცეცხლზე, სანამ კარაქი არ გადნება.

e) პოპკორნის ნარევს დაასხით თაფლის ნარევი.

f) ურიეთ სანამ არ გაერთიანდება. გაყავით ნარევი და მოათავსეთ 2 საცხობ ფირფიტაზე.

g) გამოაცხვეთ 15 წუთის განმავლობაში, აურიეთ ყოველ 5 წუთში, სანამ ღია ოქროსფერი არ გახდება.

68. ცხელი მდოგვის პოპკორნი

ინგრედიენტები:

- 2 ლიტრი პოპკორნი დაფქული ¼ ჭიქა ზეთში
- 1 ჩაის კოვზი მდოგვი (მშრალი)
- ½ ჩაის კოვზი თიამი
- ¼ ჩაის კოვზი დაფქული შავი პილპილი

ინსტრუქციები:

a) შეინახეთ პოპკორნი თბილი.

b) სანელებლები ერთმანეთში აურიეთ.

c) დაუმატეთ დაფქულ პოპკორნს და კარგად აურიეთ.

69. ნაყინის პოპკორნვიჩები

ინგრედიენტები:

- 2 ½ ლიტრი დაფქული პოპკორნი
- 1 ½ ჭიქა ღია ყავისფერი შაქარი
- ¾ ჭიქა მუქი სიმინდის სიროფი
- ½ ჭიქა კარაქი
- 1 სუფრის კოვზი ძმარი
- ½ ჩაის კოვზი მარილი
- 16 უნცია პაკეტის შოკოლადის ნაჭრები
- ½ ჭიქა დაჭრილი ნიგოზი
- 2 ლიტრი აგურის სტილის ვანილის ნაყინი.

ინსტრუქციები:

a) შეინახეთ პოპკორნი თბილი. სამი ლიტრიანი ქვაბში შეურიეთ ყავისფერი შაქარი, სიმინდის სიროფი, კარაქი, ძმარი და მარილი. მოხარშეთ და ურიეთ სანამ შაქარი არ დაიშლება.

b) განაგრძეთ ხარშვა მყარი ბურთის სტადიამდე (250 გრადუსი ფარენჰეიტი ტკბილეულის თერმომეტრზე). მოასხით სიროფი დაფქულ პოპკორნს; აურიეთ ქურთუკი.

c) დაამატეთ შოკოლადის ნაჭრები და თხილი; აურიეთ მხოლოდ რომ აურიოთ. ჩაასხით ორ 13 x 9 x 2 დიუმიან ტაფაში, გაანაწილეთ და მყარად შეფუთეთ.

d) მაგარია. თითოეულ ტაფაზე დავჭრათ 12 მართკუთხედი. თითოეული ნაყინი დავჭრათ 6 ნაჭრად. სენდვიჩის ნაყინი პოპკორნის ორ ოთხკუთხედს შორის.

70. იამაიკური პოპკორნი

ინგრედიენტები:

- 3 სუფრის კოვზი კარაქი
- 1 სუფრის კოვზი დაფქული კუმინი
- 1 სუფრის კოვზი შაქარი
- ½ სუფრის კოვზი გამხმარი წითელი წიწაკის ფანტელები
- 8 გ დაფქული სიმინდი

ინსტრუქციები:

a) მძიმე ქვაბში გაადნეთ კარაქი თაფლზე. სითბო.

b) შეურიეთ სხვა ინგრედიენტები პოპკორნის გარდა.

c) მოხარშეთ, მუდმივად ურიეთ, სანამ შაქარი არ დაიშლება.

d) დაასხით პოპკორნი; გადაყარეთ, რომ თანაბრად დაიფაროს.

e) მიირთვით ერთდროულად.

71. <u>Jelly Bean Popcorn Heaven</u>

ინგრედიენტები:

- 6-8 ჭიქა პოპკორნი
- 1 ქილა (7 უნცია) marshmallow კრემი
- ½ ჭიქა არაქისის კარაქი
- 1 ჭიქა პატარა ჟელე ლობიო

ინსტრუქციები:

a) შეურიეთ მარშმლოუს კრემი და არაქისის კარაქი დიდ თასში.

b) შეურიეთ პოპკორნი და ჟელე ლობიო, სანამ თანაბრად არ გახდება დაფარული.

c) ნარევი დაჭერით ცხიმწასმულ 9 დიუმიან კვადრატულ საცხობ ფორმაში.

d) შედგით მაცივარში გამაგრებამდე, დაახლოებით 4 საათი. დავჭრათ კვადრატებად.

72. ჯუნგლების პოპკორნი

ინგრედიენტები:

- 8 ჭიქა პოპკორნი
- ½ ჭიქა თაფლი
- ½ ჭიქა კარაქი
- 1 ჩაის კოვზი დარიჩინი
- 1 პატარა ყუთი ცხოველური კრეკერი

ინსტრუქციები:

a) გააცხელეთ ღუმელი 300 გრადუსზე. პოპკორნი მოათავსეთ დიდ ცხიმწასმულ ტაფაში. პატარა ტაფაზე დაბალ ცეცხლზე გაადნეთ თაფლი, კარაქი და დარიჩინი. დაასხით თაფლის ნარევი პოპკორნზე. აურიეთ, რომ კარგად დაიფაროს.

b) გამოაცხვეთ 10-15 წუთის განმავლობაში, აურიეთ ყოველ 5 წუთში.

c) ამოიღეთ ღუმელიდან. მოათავსეთ დიდ თასში და გააგრილეთ. ჩაყარეთ ცხოველების კრეკერები.

d) მიკროტალღური მეთოდი: 2 ჭიქა ჭიქაში მოათავსეთ თაფლი, კარაქი და დარიჩინი. მიკროტალღურ ღუმელზე დნებამდე. გააგრძელეთ როგორც ზემოთ.

73. Kemtuky Praline Popcorn

ინგრედიენტები:

- 4 ლიტრი დაფქული პოპკორნი მსუბუქი დამარილებული
- 2 ჭიქა დაჭრილი პეკანი
- ¾ ჭიქა კარაქი
- ¾ ჭიქა ყავისფერი შაქარი

ინსტრუქციები:

a) დიდ თასში ან შემწვარს აურიეთ პოპკორნი და პეკანი.

b) ქვაბში შეურიეთ კარაქი და ყავისფერი შაქარი. გააცხელეთ, აურიეთ პოპკორნის ნარევი.

c) კარგად აურიეთ, რომ დაიფაროს.

74. Kiddie Popcorn Crunch

ინგრედიენტები:

- 1 ჭიქა შაქრის ფხვნილი
- 3 სუფრის კოვზი წყალი
- 1 სუფრის კოვზი კარაქი
- მარილის ნატეხი
- 2-3 წვეთი საკვები საღებავი

ინსტრუქციები:

a) შეურიეთ ინგრედიენტები რბილი ბურთის ეტაპზე (225 F) ტკბილეულის თერმომეტრზე.

b) დაასხით პოპკორნის ერთი პარტია (დაახლოებით 8-10 ჭიქა), აურიეთ სწრაფად და კარგად.

c) თუ ზედმეტად მოხარშეთ, მას უფრო მჟავე შაქრის ტექსტურა ექნება.

75. ლიმონის პოპკორნი

ინგრედიენტები:

- ¼ ჭიქა სიმინდის ზეთი
- ¾ ჭიქა სიმინდი
- 1 ლიმონის ცედრა
- მარილი
- 2 სუფრის კოვზი ლიმონის წვენი
- 2 სუფრის კოვზი გამდნარი კარაქი

ინსტრუქციები:

a) დიდ მძიმე ქვაბში გააცხელეთ სიმინდის ზეთი მაღალ ცეცხლზე, სანამ ზეთი არ ამოიწურება. დაუმატეთ 1 მარცვლეული სიმინდი და გააცხელეთ, სანამ ბირთვი არ ამოვარდება.

b) დაუმატეთ დარჩენილი სიმინდი, დაახურეთ ქვაბს და ნაზად შეანჯღრიეთ, სანამ სიმინდი ადუღებას არ დაიწყებს. შეანჯღრიეთ ენერგიულად, სანამ გამონაყარი არ ჩაცხრება.

c) გადმოდგით ცეცხლიდან. ლიმონის წვენი შეურიეთ გამდნარ კარაქს.

d) პოპკორნს მოაყარეთ ლიმონის ცედრა, მარილი და კარაქი/ლიმონის წვენი.

76. ძირტკბილას პოპკორნი

ინგრედიენტები:

- 16 ჭიქა დაფქული პოპკორნი
- 1 ჭიქა შაქარი
- ¼ ჭიქა ყავისფერი შაქარი
- ¼ ჭიქა წყალი
- ½ ჭიქა მსუბუქი სიმინდის სიროფი
- ¼ ჭიქა კარაქი
- ½ ჩაის კოვზი საცხობი სოდა
- ½ ჩაის კოვზი ანისის ექსტრაქტი
- 1 სუფრის კოვზი შავი საკვები საღებავი

ინსტრუქციები:

a) პოპკორნი მოათავსეთ დიდ კარაქიან საცხობ ფორმაში. შაქარი, წყალი და სიმინდის სიროფი ჩაყარეთ მძიმე ტაფაში საშუალო ცეცხლზე და აურიეთ.

b) მას შემდეგ, რაც ნარევი ადუღდება, ტაფას გვერდები გადაუსვით.

c) მოათავსეთ ტკბილეულის თერმომეტრი ტაფაში და მოხარშეთ, შემდგომი მორევის გარეშე, 250 F. გადმოდგით ტაფა ცეცხლიდან და შეურიეთ კარაქი, საცხობი სოდა, ანისის ექსტრაქტი და საკვები საღებავი.

d) დაასხით პოპკორნი, კარგად აურიეთ. აცხვეთ თავდახურული 1 საათის განმავლობაში, დროდადრო აურიეთ. როცა გაგრილდება, შეინახეთ ჰერმეტულ კონტეინერებში.

77. LolliPopcorn სიურპრიზი

ინგრედიენტები:

- 7 გ დაფქული სიმინდი
- 3 გ მინიატურული მარშმელოუ
- 2 სუფრის კოვზი კარაქი
- ¼ ჩაის კოვზი მარილი
- საკვების ფერი
- 8 Lollipops

ინსტრუქციები:

a) გახეხილი სიმინდი გავზომოთ დიდ, კარაქიან თასში.

b) დაბალ ცეცხლზე გააცხელეთ მარშმლოუ, კარაქი და მარილი, ხშირად ურიეთ სანამ არ გადნება და გლუვი გახდება.

c) დაამატეთ საკვების ფერი.

d) დაასხით დაფქული სიმინდი და ნაზად გადააყარეთ.

e) მოამზადეთ ლოლიპოსები 3 დიუმიან ბურთულებად.

168

78. მაკ-კორნ-რუნის ნამცხვრები

ინგრედიენტები:

● 1 ჭიქა პოპკორნი (ამოიღეთ ყველა მყარი ბირთვი)
● 1 ჭიქა წვრილად დაჭრილი ნიგოზი
● 3 კვერცხის ცილა
● 1 ჭიქა შაქრის ფხვნილი
● ¾ ჩაის კოვზი ვანილი

ინსტრუქციები:

a) პოპკორნი მოათავსეთ ბლენდერში და წვრილად დაჭერით. შეუთავსეთ თასში თხილით.

b) კვერცხის ცილა ათქვიფეთ ქაფამდე, შემდეგ დაამატეთ შაქარი და ათქვიფეთ გამაგრებამდე.

c) შეურიეთ ვანილი და ფრთხილად შეურიეთ პოპკორნს და თხილს.

d) ჩაყარეთ კოვზით მსუბუქად ცხიმწასმულ ფუნთუშაზე. გამოაცხვეთ 300 გრადუსზე გახურებულ ღუმელში 30-დან 35 წუთის განმავლობაში.

79. ნეკერჩხლის სიმინდის კვადრატები

ინგრედიენტები:

- 1 ჭიქა ნეკერჩხალი ან ყავისფერი შაქარი
- ¼ ჭიქა ნეკერჩხლის სიროფი
- ½ ჭიქა წყალი
- 1 ჩაის კოვზი მარილი
- 1 სუფრის კოვზი კარაქი
- 1 ლიტრი დაფქული სიმინდი

ინსტრუქციები:

a) მოხარშეთ შაქარი, სიროფი, წყალი და მარილი 280-მდე (მტვრევადი).

b) დაუმატეთ კარაქი და ნელ-ნელა მოხარშეთ 294 გრადუსამდე.

c) ამასობაში გახეხილი სიმინდი უხეში გახეხეთ ხორცსაკეპ მანქანაში ან წვრილად დაჭერით.

d) როცა სიროფი მოიხარშება გადმოდგით ცეცხლიდან და მოურიეთ პოპკორნი. დაასხით ცხიმწასმულ ქელე რულონ ტაფაზე.

e) გააბრტყელეთ ზეთისხილი რულეტით. დავჭრათ კვადრატებად ან ზოლებად.

80. Marshmallow Creme Popc orn

ინგრედიენტები:

- 8 ჭიქა დაფქული პოპკორნი
- 1 ჭიქა აფუებული ბრინჯის მარცვლეული
- 3 სუფრის კოვზი კარაქი
- 7 უნცია ქილა მარშმლოუს კრემი

ინსტრუქციები:

a) შეუთავსეთ პოპკორნი და მარცვლეული დიდ, ცხიმწასმულ თასში. საშუალო ქვაბში დაბალ ცეცხლზე გაადნეთ კარაქი. გადმოდგით ცეცხლიდან. შეურიეთ მარშამლოუს კრემი. დაასხით პოპკორნის ნარევი. აურიეთ, რომ თანაბრად დაიფაროს. ნარევი დაჭერით ცხიმწასმულ 9 დიუმიან კვადრატულ საცხობ ფორმაში. შედგით მაცივარში გამაგრებამდე, დაახლოებით ოთხი საათი. დავჭრათ ბარებად.

81. სოკოს პოპკორნი

ინგრედიენტები:

- ½ ჭიქა კარაქი
- 1 სუფრის კოვზი ხმელი ხახვის ფანტელები
- 1 სუფრის კოვზი ხმელი წიწაკის ფანტელები
- რამდენიმე ხმელი სოკო წვრილად დაჭრილი
- ½ ჭიქა პოპკორნი
- მარილი

ინსტრუქციები:

a) მძიმე ქვაბში გაადნეთ კარაქი. დაუმატეთ ხახვის ფანტელები, ბულგარული წიწაკის ფანტელები და გამხმარი სოკო. აურიეთ ზომიერ ცეცხლზე რამდენიმე წუთის განმავლობაში. მოასხით დაფქული სიმინდი. დაამატეთ მარილი.

82. ნაჩო პოპკორნი

ინგრედიენტები:

● 3 ლიტრი პოპკორნი
● 2 ჭიქა სიმინდის ჩიფსები
● ¼ ჭიქა კარაქი
● 1 ½ ჩაის კოვზი მექსიკური სუნელი
● ¾ ჭიქა ყველი, ტაკო, გახეხილი

ინსტრუქციები:

a) გააცხელეთ ღუმელი 300 F-ზე. ფოლგათ გაფორმებულ არაღრმა საცხობ ტაფაში მოაყარეთ პოპკორნი და სიმინდის ჩიფსები. პატარა ტაფაში გაადნეთ კარაქი. შეურიეთ მექსიკური სუნელი. დაასხით პოპკორნის ნარევს და კარგად ათქვიფეთ.

b) მოაყარეთ ყველი და აურიეთ. გამოაცხვეთ 5-7 წუთი, სანამ ყველი არ გადნება.

c) მიირთვით ერთდროულად.

83. ფორთოხლის დაშაქრული პოპკორნი

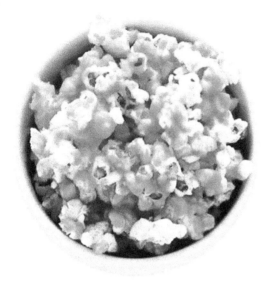

ინგრედიენტები:
- ⅔ ჭიქა ფორთოხლის წვენი
- 1 ¼ ჭიქა შაქარი
- ⅛ ჭიქა თეთრი სიმინდის სიროფი
- 1 ფორთოხალი; გახეხილის ქერქი
- ½ ჭიქა პოპკორნი

ინსტრუქციები:
a) მძიმე ქვაბში მოაყარეთ ფორთოხლის წვენი, შაქარი, სიმინდის სიროფი და ქერქი.

b) მოხარშეთ ზომიერ ცეცხლზე 280~-მდე ტკბილეულის თერმომეტრზე.

c) დაასხით დაფქული სიმინდი.

84. პარმეზანის ჩივი პოპკორნი

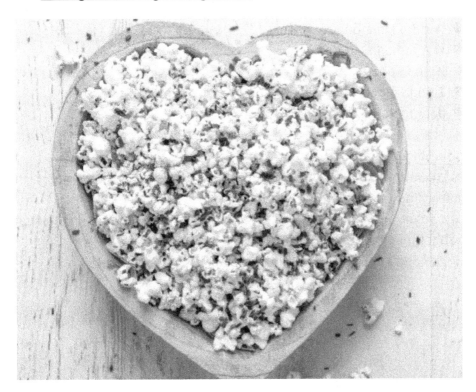

ინგრედიენტები:

- ⅔ c პოპკორნი
- ⅓ გ კარაქი
- ½ ჭიქა ახალი ხახვი
- 1 ჭიქა წვრილად გახეხილი ყველი პარმეზანი
- მარილი და პილპილი

ინსტრუქციები:

a) დაასხით პოპკორნი. გაადნეთ კარაქი. წიწაკა გახეხეთ კარაქში, (რამდენიც გსურთ).

b) ხახვი დაჭერით და პოპკორნს ზემოდან მოაყარეთ გახეხილ ყველთან ერთად.

c) კარაქის ნარევი დაასხით პოპკორნს და მარილი.

85. არაქისის კარაქის პოპკორნი

ინგრედიენტები:

● 2 ლიტრი დაფქული სიმინდი
● ½ ჭიქა შაქარი
● ½ ჭიქა მსუბუქი სიმინდის სიროფი
● ½ ჭიქა არაქისის კარაქი
● ½ ჩაის კოვზი ვანილი

ინსტრუქციები:

a) შეუთავსეთ შაქარი და სიმინდის სიროფი.

b) მოხარშეთ ადუღებამდე.

c) გადმოდგით ცეცხლიდან.

d) დაუმატეთ არაქისის კარაქი და ვანილი.

e) ურიეთ, სანამ არაქისის კარაქი არ გადნება.

f) დაასხით პოპკორნი და ურიეთ სანამ კარგად არ დაიფარება.

86. არაქისის კარაქის პოპკორნის ჭიქები

ინგრედიენტები:

- 2 ლიტრი დაფქული პოპ კორნი
- 1 ჭიქა მსუბუქი სიმინდის სიროფი
- ¾ ჭიქა ნაღების არაქისის კარაქი
- ¼ ჭიქა ნახევრად ტკბილი შოკოლადის ნაჭრები
- არაქისის კარაქის პატარა ჭიქები, შოკოლადის ვარსკვლავები, მინი-კანფეტით დაფარული შოკოლადები, კანფეტით დაფარული არაქისი

ინსტრუქციები:

a) დაფქული პოპკორნი მოათავსეთ დიდ თასში. სიმინდის სიროფი გააცხელეთ პატარა ქვაბში ადუღებამდე; ადუღეთ 3 წუთი.

b) გადმოდგით ცეცხლიდან. შეურიეთ არაქისის კარაქი და შოკოლადის ნაჭრები, სანამ თითქმის არ გახდება გლუვი. პოპკორნს დაასხით სიროფის ნარევი; კარგად მოასხით ქურთუკი.

c) გავაციოთ დაახლოებით 8 წუთი.

d) სავსე სუფრის კოვზის გამოყენებით პოპკორნის ნარევს ბურთულად მოაყალიბეთ.

e) ოდნავ გააბრტყელეთ და ცერით ცენტრში გააკეთეთ ჩაღრმავება.

f) მოათავსეთ ოდნავ კარაქიან ცვილის ქაღალდდაფენილ საცხობ ფირფიტაზე. შეავსეთ თითოეული ცენტრი სასურველი ზევით.

g) შეინახეთ მჭიდროდ თავდახურულ კონტეინერში.

87. პიტნის კანფეტი პოპკორნი

ინგრედიენტები:

- ½ ჭიქა წყალი
- 1 ჭიქა შაქარი
- 3/8 ჭიქა თეთრი სიმინდის სიროფი
- 1 სუფრის კოვზი კარაქი
- პიტნის ზეთი
- 2 წვეთი საკვები საღებავი
- ½ ჭიქა პოპკორნი - გახეხილი

ინსტრუქციები:

a) მძიმე ქვაბში ჩავასხათ წყალი, შაქარი, სიმინდის სიროფი და კარაქი.

b) მოხარშეთ ზომიერ ცეცხლზე 280~-მდე ტკბილეულის თერმომეტრზე.

c) დაუმატეთ ზეთი გემოვნებით და საკვების შეღებვა.

d) კარგად მოურიეთ და დაასხით დაფქული სიმინდი.

88. წიწაკა პოპკორნი

ინგრედიენტები:

- 2 სუფრის კოვზი სიმინდის ზეთი
- 2 კბილი ნიორი, გაყოფილი
- მარილი
- დაფქული წიწაკა
- 2 სუფრის კოვზი კარაქი, გამდნარი
- 2 სუფრის კოვზი ზეითუნის ზეთი
- ¾ ჭიქა სიმინდი
- 1 კბილი ნიორი, დაჭრილი
- ¼ ჩაის კოვზი კაიენის წიწაკა
- ¼ ჭიქა ცხელი წიწაკის სოუსი

ინსტრუქციები:

a) დიდ მძიმე ქვაბში გააცხელეთ სიმინდის ზეთი და ზეითუნის ზეთი მაღალ ცეცხლზე, სანამ ზეთი არ ამოიწურება.

b) დაუმატეთ 1 მარცვლეული სიმინდი და გააცხელეთ, სანამ ბირთვი არ ამოვარდება.

c) დაამატეთ გაყოფილი ნივრის კბილი და დარჩენილი სიმინდი, დაახურეთ ქვაბს და ნაზად შეანჯღრიეთ, სანამ სიმინდი არ დაიწყებს ამოსვლას.

d) შეანჯღრიეთ ენერგიულად, სანამ გამონაყარი არ ჩაცხრება.

e) გადმოდგით ცეცხლიდან. ამოიღეთ ნიორი.

f) ცხარე წიწაკის სოუსი შეურიეთ გამდნარ კარაქს.

g) პოპკორნს მოაყარეთ დაფქული ნიორი, კაიენი, შავი პილპილი, მარილი და ცხარე წიწაკა/კარაქი.

89. პესტო პოპკორნი

ინგრედიენტები:

- 5 ლიტრი დაფქული პოპკორნი
- ½ ჭიქა გამდნარი კარაქი
- 1 სუფრის კოვზი გამხმარი რეჰანის ფოთლები, დაქუცმაცებული
- 1 ჩაის კოვზი ხმელი ოხრახუში, დაქუცმაცებული
- 1 ჩაის კოვზი ნივრის ფხვნილი
- ⅓ ჭიქა ყველი პარმეზანი
- ½ ჭიქა ფიჭვის კაკალი

ინსტრუქციები:

a) დაფქული პოპკორნი მოათავსეთ დიდ თასში და გაათბეთ.
b) პატარა ქვაბში გაადნეთ კარაქი; დაუმატეთ რეჰანი, ოხრახუში, ნიორი, ყველი პარმეზანი და თხილი. აურიეთ, რომ შეზავდეს.
c) დაასხით გახეხილი პოპკორნი, კარგად აურიეთ.

90. პინა კოლადა პოპკორნი

ინგრედიენტები:

- 8 გ დაფქული პოპკორნი
- 2 სუფრის კოვზი კარაქი
- ⅓ c მსუბუქი სიმინდის სიროფი
- ¼ ჭიქა მყისიერი ქოქოსის კრემის პუდინგი
- ¾ ჩაის კოვზი რომის ექსტრაქტი
- ½ ჭიქა კუბებად დაჭრილი ხმელი ან დაშაქრული ანანასი
- ½ ჭიქა ქოქოსი, მოხალული

ინსტრუქციები:

a) ქოქოსის ტოსტად, თხელ ფენად წაუსვით ქოქოსი არაღრმა საცხობ ტაფაზე. გამოაცხვეთ 250 გრადუსზე გახურებულ ღუმელში 6-დან 7 წუთის განმავლობაში ან სანამ ღია ყავისფერი გახდება, ხშირად ურიეთ.

b) პოპკორნიდან ამოიღეთ ყველა გაუხსნელი ბირთვი.

c) დაფქული პოპკორნი მოათავსეთ კარაქიან 17x12x2 დიუმიან საცხობ ფორმაში. საფარის გაკეთებისას პოპკორნი თბილად შეინახეთ 300 გრადუსზე გახურებულ ღუმელში. პატარა ქვაბში გაადნეთ კარაქი ან მარგარინი.

d) გადმოდგით ქვაბი ცეცხლიდან. შეურიეთ სიმინდის სიროფი, პუდინგის მიქსი და რომის ექსტრაქტი. პოპკორნი გამოიღეთ ღუმელიდან.

e) სიროფის ნარევი დაასხით პოპკორნს. დიდი კოვზით, ნაზად დაასხით პოპკორნი სიროფთან ერთად. გამოაცხვეთ პოპკორნი, თავდახურული, 300 გრადუსზე გახურებულ ღუმელში 15 წუთის განმავლობაში.

f) გამოიღეთ პოპკორნი ღუმელიდან და შეურიეთ ხმელი ანანასი და ქოქოსი.

g) გამოაცხვეთ პოპკორნის ნარევი, თავდახურული, კიდევ 5 წუთი.

h) გადააქციეთ ნარევი ფოლგის დიდ ნაჭერზე. ნარევი მთლიანად გააგრილეთ.

91. პიკანტური პოპკორნი

ინგრედიენტები:

- 2 სუფრის კოვზი სიმინდის ზეთი
- 2 კბილი ნიორი, დაქუცმაცებული
- 1 ½ ინჩი ცალი ჯანჯაფილის ფესვი, გახეხილი, დაჭრილი
- 1 ჭიქა სიმინდი
- ¼ ჭიქა კარაქი
- 2 ჩაის კოვზი ცხელი ჩილის სოუსი
- 2 სუფრის კოვზი დაჭრილი ახალი ოხრახუში
- მარილი გემოვნებით

ინსტრუქციები:

a) ქვაბში გავაცხელოთ ზეთი.

b) დაუმატეთ 1 კბილი დაქუცმაცებული ნიორი, ჯანჯაფილი და პური სიმინდი. აურიეთ კარგად.

c) დააფარეთ სახურავი და მოხარშეთ საშუალო მაღალ ცეცხლზე 3-5 წუთის განმავლობაში, მტკიცედ დაახურეთ თავსახური და ხშირად შეანჯღრიეთ ტაფა, სანამ არ გაჩერდება.

d) დაფქული სიმინდი გადააბრუნეთ კერძზე, გადაყარეთ დაუმუშავებელი სიმინდის მარცვლები.

e) ტაფაზე გაადნეთ კარაქი. შეურიეთ დარჩენილი კბილი დაქუცმაცებული ნიორი და ჩილის სოუსი.

f) დააბრუნეთ სიმინდი ტაფაზე და კარგად ათქვიფეთ, სანამ ნარევი თანაბრად არ შეიწოვება. დაუმატეთ ოხრახუში და მარილი და კარგად მოურიეთ.

g) გადააქციეთ კერძად. მიირთვით თბილი ან ცივი.

92. პიცა პოპკორნი

ინგრედიენტები:

- 2 სუფრის კოვზი გახეხილი ყველი პარმეზანი
- 1 ჩაის კოვზი ნივრის ფხვნილი
- 1 ჩაის კოვზი იტალიური მწვანილის სუნელი
- 1 ჩაის კოვზი პაპრიკა
- ½ ჩაის კოვზი მარილი
- წიწაკა
- 2 ლიტრი ცხელი პოპკორნი

ინსტრუქციები:

a) ბლენდერში აურიეთ ყველი, ნივრის ფხვნილი, იტალიური სუნელი, პაპრიკა, მარილი და პილპილი დაახლოებით 3 წუთის განმავლობაში.

b) მოათავსეთ პოპკორნი დიდ თასში; მოაყარეთ ყველის ნარევი.

c) გადაყარეთ, რომ თანაბრად დაიფაროს.

93. პოპკორნი ალა კოლაიდი

ინგრედიენტები:

- 2 ჭიქა შაქარი
- 1 ჭიქა მსუბუქი სიმინდის სიროფი
- ⅔ ჭიქა კარაქი
- 2 პაკეტი Kool-Aid (უტკბილო)
- 1 ჩაის კოვზი საცხობი სოდა
- 6 ლიტრი დაფქული პოპკორნი

ინსტრუქციები:

a) საშუალო ზომის ქვაბში შეურიეთ შაქარი, სიმინდის სიროფი და კარაქი.

b) მოხარშეთ საშუალო ცეცხლზე, სანამ ნარევი არ მიაღწევს ადუღებას; ადუღეთ 3 წუთი. შეურიეთ საცხობი სოდა და Kool-Aid.

c) დაასხით პოპკორნი.

d) აცხვეთ 225 გრადუსზე 45 წუთის განმავლობაში, აურიეთ ყოველ 10 წუთში.

e) გამოიღეთ ღუმელიდან და დაუყოვნებლივ გატეხეთ. თუ ჩქარობთ, პოპკორნი შეიძლება დაჭერით დეკორატიულ ფორმებში.

94. პოპკორნის მტევანი

ინგრედიენტები:

- 8 გ დაფქული სიმინდი
- 1 ჭიქა შაქარი
- ⅓ c მსუბუქი სიმინდის სიროფი
- ⅓ გ ცხელი წყალი
- ⅛ ჩაის კოვზი მარილი
- ½ ჩაის კოვზი ვანილი
- 1 ფუნტი შოკოლადის საფარი

ინსტრუქციები:

a) გაზომეთ დაფქული სიმინდი დიდ თასში. პატარა ქვაბში აურიეთ შაქარი, სიროფი, წყალი და მარილი.

b) დააფარეთ მჭიდროდ და მიიყვანეთ ადუღებამდე.

c) ამოიღეთ სახურავი და დაამატეთ თერმომეტრი.

d) მოხარშეთ 270 გრადუსამდე; გადმოდგით ცეცხლიდან და შეურიეთ ვანილი.

e) მოხარშული სიროფი დაასხით დაფქულ სიმინდს, ურიეთ, რომ სიმინდი დაიფაროს. გააგრილეთ მთლიანად, შემდეგ გაატარეთ საკვების საჭრელი.

f) ორმაგი ქვაბის თავზე გაადნეთ შოკოლადის საფარი. დაფქული პოპკორნი აურიეთ შოკოლადში, გამოიყენეთ იმდენი პოპკორნი, რამდენსაც შოკოლადი იტევს.

g) ჩაალაგეთ შოკოლადის ფორმებში ან გააბრტყელეთ ცვილის ქაღალდს შორის და დაჭერით ფორმებად ფუნთუშების საჭრელებით ან დანებით. გამოდის დაახლოებით 50 ცალი.

95. Popcorn Haystacks

ინგრედიენტები:

- 1 ლიტრი დაფქული პოპკორნი
- 1 ჭიქა არაქისი
- 3 უნცია Chow Mein noodles
- 12 უნცია შოკოლადის ჩიფსები

ინსტრუქციები:

a) ჩაყარეთ გახეხილი სიმინდი, არაქისი და სმ ლაფშა ერთად დიდ თასში
b) დააყენეთ განზე.
c) შუშის თასში მოათავსეთ შოკოს ჩიფსები.
d) მიკროტალღურ ტემპერატურაზე 3 წუთის განმავლობაში.
e) დაასხით პოპკორნის ნარევი.
f) აურიეთ სანამ კარგად არ აირევა.
g) მიღებული მასის კოვზი დადეთ ცვილის ქაღალდზე.
h) გააგრილეთ გამაგრებამდე.
i) შეინახეთ მჭიდროდ თავდახურულ კონტეინერში.

96. პოპკორნის თაფლის ბურთები

ინგრედიენტები:

- 1 ½ ლიტრი დაუმუშავებელი სიმინდი, დამარილებული
- ½ ჭიქა ყავისფერი შაქარი
- ½ ჭიქა გრანულირებული შაქარი
- ¼ ჭიქა თაფლი
- ⅓ გ წყალი
- 1 სუფრის კოვზი კარაქი

ინსტრუქციები:

a) გახეხილი სიმინდი შედგით ღუმელში, რომ გახურდეს. შეურიეთ შაქარი, თაფლი და წყალი კარაქიან 2 ლიტრიან მძიმე ძირის ქვაბში. გაათბეთ ნელა, ურიეთ სანამ შაქარი არ დაიშლება.

b) მოხარშეთ ბურთის მყარ ეტაპზე (248 გრადუსი).

c) დაუმატეთ კარაქი და ურიეთ მხოლოდ იმდენი, რომ აურიოთ. პოპკორნს ნელ-ნელა დაასხით სიროფი, აურიეთ. კარაქიანი ხელებით ჩამოაყალიბეთ ბურთულები.

d) გამოდის დაახლოებით 12.

97. იტალიური პოპკორნი

ინგრედიენტები:

- 2 სუფრის კოვზი კარაქი
- 1 კბილი ნიორი, დაჭრილი
- ½ ჩაის კოვზი ხმელი ორეგანოს ფოთლები
- 8 გ ცხელი პოპკორნი
- 2 სუფრის კოვზი გახეხილი ყველი პარმეზანი

ინსტრუქციები:

a) 1 ½ ლიტრიანი სოუსის ტაფაზე საშუალო ცეცხლზე, ცხელ კარაქში, მოხარშეთ ნიორი ორეგანოსთან ერთად.

b) დიდ თასში დაასხით კარაქის ნარევი პოპკორნზე; მოაყარეთ ყველი.

98. პოპკორნი მაკარონები

ინგრედიენტები:

- 3 კვერცხის ცილა
- მარილი
- ½ ჩაის კოვზი გამაფხვიერებელი
- 1 ჭიქა ქოქოსი; ადღეგრძელა
- 1 ჭიქა პოპკორნი; დაფქული - ბლენდერში დაჭრილი

ინსტრუქციები:

a) კვერცხის ცილა ათქვიფეთ ქაფამდე და დაუმატეთ მარილი და გამაფხვიერებელი. სცემეს გამაგრებამდე.

b) მოაყარეთ შემწვარი ქოქოსი და დაჭრილი სიმინდი.

c) ჩაასხით კოვზებით ცხიმწასმულ ფუნთუშების ფურცლებზე.

d) გამოაცხვეთ 350~-ზე 15 წუთის განმავლობაში, მსუბუქად შეწითლებამდე.

99. პოპკორნის მაფინები

ინგრედიენტები:

- 1 ½ ჭიქა ფქვილი
- 1 სუფრის კოვზი შაქარი
- ¾ ჭიქა დაფქული სიმინდი
- 2 სუფრის კოვზი გამდნარი მაწონი
- 3 ჩაის კოვზი გამაფხვიერებელი
- 1 ჭიქა რძე
- 1 ჩაის კოვზი მარილი
- 1 კვერცხი, კარგად ათქვეფილი

ინსტრუქციები:

a) გავცრათ ფქვილი, გავზომოთ და გავურიოთ გამაფხვიერებელთან, მარილით და შაქრით.

b) დაუმატეთ რძე, დაფქული სიმინდი, კვერცხი და საცხობი.

c) შეავსეთ კარგად ზეთიანი მაფინის ფორმები ⅔ სავსე.

d) გამოაცხვეთ ცხელ ღუმელში (435 ° F) 25 წუთის განმავლობაში. 6 პორცია.

100. პოპკორნი ჯოხზე / პოპსიკულის სტილი

ინგრედიენტები:

- 16 შამფური/ხის ჯოხი
- ⅔ ჭიქა გაუხსნელი პოპკორნი
- 1 ჭიქა არაქისი
- 1 ჭიქა მელასი
- 1 ჭიქა შაქარი
- 1 ჩაის კოვზი მარილი

ინსტრუქციები:

a) შეუთავსეთ დაფქული სიმინდი და არაქისი დიდ თასში ან ტაფაში. 2 ლიტრიანი ქვაბში შეურიეთ მელასი, შაქარი და მარილი; მოხარშეთ საშუალო ცეცხლზე მყარ ბურთულამდე (260 გრადუსი).

b) ნელ-ნელა დაასხით სიროფი დაფქულ სიმინდს და თხილს, ურიეთ სანამ მასა კარგად არ დაიფარება.

c) დაჭერით 5 უნცია ცივი სასმელის ჭიქებში.

d) თითოეულში ჩადეთ ხის შამფური და გააციეთ.

e) გადაიტანეთ ჭიქების ფსკერზე, რომ ამოიღოთ. გამოდის დაახლოებით 16

დასკვნა

ამ წიგნმა ხელახლა გამოიგონა გურმანი პოპკორნი კრეატიული და გემრიელი ტრიალებით. კარაქიანი პოპკორნი უცნაურად გამოიყურება კუს ბრაუნის პოპკორნის, შოკოლადით დაფარული მარწყვის პოპკორნისა და ბეკონის რანჩის პოპკორნის მიღების შემდეგ! ეს არის შესანიშნავი წიგნი პარასკევის საღამოს კინო საღამოსთვის!

CPSIA information can be obtained
at www.ICGtesting.com
Printed in the USA
LVHW020229010423
742975LV00025BA/594

9 781783 574957